連「渡邊太太」都想學的

K線匯率課

他如何做到，第一次操作外匯就賺 *1000* 萬？

作者 知名外匯分析師
劉炯德

08 自創技術分析，
讓我第一次出手就賺1000萬　*227*

09 讓聰明軟體幫你省時又賺錢　*247*

了解金融概況、勤做研究，投資之路前途光明

　　筆者剛進入投資市場時，也是從外匯市場入門，這是由於外匯市場具有不易被操控、交易時間長、趨勢持續時間久、多空皆可以獲利等特色。

　　最近幾年，國內投資者也開始興起投資外匯保證金交易，但目前國內可見的交易平台，水準參差不齊，甚至常傳出外匯詐騙案。本書最特別之處，就在於告訴讀者如何查詢違法的外匯交易平台，避免在未賺到錢之前即血本無歸，這點可以說是各位讀者的保命符。

　　詳細看過劉炯德先生這本外匯的書，不得不讚嘆內容的詳實及編排的細心，我個人認為，如果各位讀者詳細看完這本書，一定有助於建構整體外匯市場的概念，並能在外匯市場上獲利。尤其本書整理技術分析型態，以淺顯易懂的方式分門別類，不管初學者或是已入門一段時間的投資人，都可以對於技術分析有更深入的了解。

　　環顧現在的外匯市場，「美元升息論」及「美元升值

論」正撲天蓋地而來，這時投資者更需要保持清醒的頭腦，並永遠記住「別人貪婪時，我應該恐懼」這個市場定律。

當我們仔細了解美國的經濟數據，就知道在美國通膨如此低的狀況之下，美國升息遙遙無期（甚至還有擴大寬鬆規模的可能）。與其隨市場上的無聊言論起舞，不如看看這本好書，之後自己做研究，做好風險管理之後審慎投資。相信在投資的路上，認真的讀者終會走出一條光明大道。

盧冠安
羽匯軒部落格版主

善用技術分析，
精準安全還能降低風險

對一般人來說，怎麼樣才算會開車的駕駛？其實標準很簡單，遵守交通規則、不超速、不違規、行車禮讓，就是一位很會開車的駕駛了。開車的目的是為了安全抵達下一個目的地，而不是為了在 F1 的賽車道上，與眾車手一較高下。

怎麼樣才算是會理財的投資者？其實也很簡單，遵守紀律、做有把握的事、不冒不必要的風險、不犯可避免的錯誤，就算得上是非常會理財的投資者。投資的目的是為了達到個人人生的財務目標，而非一夕致富，成為金融市場的頭號人物。

要成為一個好的投資者，其實就跟傑出的駕駛一樣，只要掌握基本的法則和心態就能做到。這恰恰是劉炳德老師技術分析的專長，用簡單的方法教導各位學子，如何有系統地在投資上做最有把握的事。

在一般的戰場上，狙擊手是一個特殊的任務兵種，指專職於隱匿行蹤，並且能在遠距離精確射擊的槍手。利用良好

偽裝藏身於隱蔽位置，射擊長遠距離的特定目標，往往被要求打到要害，一擊斃命。

劉老師的技術分析，除了教導操作方法外，其中的交易心理哲學，就如同狙擊手的特質一般：在任務行動前仔細規劃，過程中耐心冷靜，情緒不受環境干擾，不會隨意放棄最佳射擊機會，只求一槍一命。任務萬一中斷，也能嚴守紀律，將損失降到最低。

劉老師現為台灣金融投資協會理事，在金融市場二十餘年，教育無數莘莘學子，而台灣金融投資協會成立的宗旨目的，就是為了推動台灣金融發展、推廣投資理財教育、促進同業互助交流，以及建立兩岸金融合作。

劉老師以自己獨創的技術分析，教導大家如何在相對低風險的時機進場，承受有限的損失，有方法地賺取相對較高的報酬，以大波段獲利，進而達到賺大賠小的贏家模式。本書的上市，相信能為台灣金融市場的技術分析，帶來新的風貌，也為台灣的金融發展再掀風潮。

蕭勝壬／葉耀中
台灣金融投資協會創辦人

進入外匯市場淘金的
最佳實用書

◆ 發心

　　筆者從事金融相關工作非常多年，基於一個單純的動機，想編寫一本對初進入外匯市場的投資朋友們，既有幫助又實用的外匯工具書。

　　金融市場造就了許多億萬富翁，當然，投資失利的也比比皆是。要說「投資」這件事，在本質上絕對正確，可促進市場的流動性。政府鼓勵年輕人創業投資、開設交易所鼓勵大家買賣股票、期貨、選擇權、權證等，都是投資，都和「錢」有關。在現今這個金錢萬能的世代，大家都想多賺錢、多花費、多享受，賺錢是會讓人感到快樂的一件事。

　　筆者親身經歷了數次經濟景氣循環，金融市場財富重分配的洗鍊，讓有錢的人愈有錢，而中產階級卻變得愈窮，M型社會演變成金字塔型的世代。**究其投資失利的原因，不外乎不夠了解市場、疏於學習技能（提升自己分析判斷的能力），以及無法克服人性（人格特質）。**

◆ 緣起

　　某日下午去書局，習慣性的在金融相關投資理財書籍區駐足停留，在翻閱外匯相關書籍之時，腦中有個聲音一直在跟自己講話。例如：專業很重要，但是也不能一味突顯專業，而沒有考慮讀者對於艱澀專有名詞的理解能力。

　　再者，筆者發現某些作者可能出了近十本與外匯相關的書籍，每本都針對特定議題，洋洋灑灑寫成一本書，光這一點就著實令在下佩服得五體投地。但在看書的當時，內心又出現：如果可以將這些議題整合成一本或兩本書（化繁為簡），那該有多好。筆者沒有批判的意思，只是一個簡單的想法。

　　筆者認為，對初學者來說最重要的，是先了解什麼是外匯市場？其次是吸取前人投資失利的經驗。如前述，投資失利的原因，多半在於不夠了解市場和疏於學習技能，建議初學者多多進修，避免盲從並養成自我分析判斷的能力。

　　另外，實務操作面上投資失利的主因——無法克服人性（人格特質），筆者認為這是個人修為的問題，建議投資朋友們養成正確的理財觀念，既要貪又要（會）守。

　　每天看著那麼多投資朋友，前仆後繼地想進入外匯市

場，好像這錢賺得非常輕鬆。對於在外匯市場有多年經驗的我來說，覺得有必要盡自己一份心力，編寫一本有助於新手投資朋友進入外匯的工具書，希望能以中立客觀的角度，協助投資者在清楚明瞭市場的情況下，充分做好事前準備功課，再經過分析及評估，選擇最適當的時機點進入匯市淘金。

　　筆者衷心希望藉由本書與投資朋友們結善緣。祝福投資朋友們心想事成，財運亨通！

01
為什麼賺匯差
比賺股票容易？

較 安 全
外匯每天交易量大，
不會被特定法人掌控

外匯迷人的地方（特性）就是，**只要趨勢一形成，就一定會有一段持續性的發展行情，等著你去賺**，只要掌握這個特性，並且運用簡單的技術分析，在支撐與壓力的位置上，適當加碼、調節，就可以輕輕鬆鬆將獲利放進口袋。

2005年底，因為美國財政赤字及貿易逆差擴大，當時我看衰美元，買進歐元多單（第一次操作外匯），並執行獲利加碼，在2008年中全數獲利，了結賺進千萬，從此與外匯結下極深因緣。

近十年來，除了自己研究分析操作外匯，也受聘擔任外匯公司的講師，及技術分析課程的教授，算起來從事金融交易已有27年時間。在台灣經濟奇蹟的那個年代，也是我正逢年輕，初生之犢不畏虎的時期。當時真的可以說是「台灣錢淹腳目」的黃金年代，只要是跟錢相關的投資，都很容易賺得到錢。

當時的我，只知道盲從市場消息面買股，根本不想深入了解什麼是經濟景氣循環、基本面、技術面及籌碼面，更不

用說，對於國際金融市場只是一知半解。

1987年到1990年，台股指數從1,000點一路飆升到12,682點（整整上漲12倍），台灣經濟創下連續40年平均9％的高成長率，個人則創下生平第一次投資股市就高達120％（剛好也是12倍，25萬的本金）的報酬率。

當時美國多次以台灣人為操縱匯率為由，威脅使用「綜合貿易法案第301條款」，逼迫台灣放寬匯率管制，讓新台幣升值，以減少對美貿易順差。

台灣最終被迫實施新台幣緩慢升值政策，海外「熱錢」大量湧入，台幣兌美元更是從1比40，升到1比25元，房市和股市同時漲翻天。當然，暴漲之後必定出現暴跌，熱錢最後在無利可圖的情況下流出台灣，台股出現連續8個月暴跌，一路跌到3,318點。而我也一路往下攤平，虧光了所有獲利不說，還因此負債百萬。

在親身經歷並深受其害後，我開始痛定思痛，並反覆問自己為什麼，做了生平第一次的自我分析。除了歸納出投資失敗因素：欠缺投資經驗、過度信用擴張及失去理性外，最重要的是，認知到自己不夠了解整體金融市場，再加上不懂得利用技術分析，掌握關鍵進出場價位。從此，我開始了一段不算短的時間專研經濟學、投資學及技術分析。

◆ 基本面和技術面是一體兩面，反映資金流動方向

還記得是在這段期間的某一天，我突然領悟並想通了一件事，就是**基本面與技術面是存在著「因果」的互補關係，兩者最重要的關聯，會反映在市場資金的流動方向上**。那感覺就像是武俠小說中的練武奇才，某天突然打通了任督二脈，從此成了絕世武林高手。

話說回來，既然最重要的是掌握資金流動方向，首先就應該從學會「看量」開始。正所謂價格是錢堆積出來的，「錢堆積」這三個字，指的就是「流動方向」與「量」。特別要記住一點，**只要在沒有出現賣方壓力的條件下，價格可以在無量的情況下持續上漲，重點還是要放在掌握資金的流動方向**。

這個看量及掌握資金流動方向的操作方法，讓我在之後金融市場上的所有投資（從股票到權證、從台指期貨到選擇權、從股市到匯市），都無往不利或是全身而退，因此一直持續沿用到今日。

至於為什麼最後會從股市轉戰到外匯市場，當中除了台股淺碟市場（編按：指市場規模小，易受外力影響而波動）受特定操弄外，最主要的原因仍然與資金的流動方向有關。差別只是在於，看清楚台股在無外資挹注資金的情況下，其實沒有什麼波動適合操作價差。

◆ 外匯市場不易被操弄，相對單純

圖1 外資和台股的關係

外資一進場，台股就上漲，可看出台股易受外力波動
影響的特性。

　　由圖1可明顯看出，**只要外資進場買，台股就會有一段
漲勢，如果外資站賣方，自然就會出現一段跌勢**。外資儼然
已成為台股漲跌與否的主要推手，更何況現在台股又開放漲
跌幅10％的限制，這種在台股造市，在期權提款的作法，只
會更加嚴重。

放眼世界金融，要選擇一個交易量大到比較無法被特定操弄，卻又相對只需單純掌握資金流動方向的金融商品，我最終在外匯市場看到了機會，並且收穫豐碩。

舉幾個近幾年實際操作外匯的案例：2012年9月28日，筆者在77.65點做空日圓並執行加碼，2013年5月16日，在101.85點獲利3.8萬美金出場。當時日本GDP及通膨率均呈現負成長趨勢，貨幣購買力評價亦偏高，因此我認為日圓勢必會出現一波貶值行情。

我在受邀舉辦的說明會上，除了提到日圓的趨勢即將反轉之外，同時也提到市場上那時最炙手可熱的商品──黃金，也將反轉走跌。2012年10月2日，我在1782.3點做空黃金，2013年7月9日，在1235.2點獲利近8萬美金出場。

除了日圓、黃金外，近幾年我在外匯市場其他貨幣的匯兌操作上，也一樣有不錯的成績，投資報酬率遠遠高於個人當初在股市120%的水準，這叫我如何不愛外匯呢！

各位投資朋友們，可藉由我在近幾年受邀說明會的時程及主題上看出，掌握外匯市場脈動，其實是件極其簡單的事。重點在於條理分析分明，順著資金流動方向走，並且確實提升自我管理能力。

◆ 供需及相對價值，決定貨幣的匯率

外匯市場是指經營外幣，和買賣以外幣計價票據等有價

證券的市場，是金融市場的主要組成部分。

國際上因貿易、投資、旅遊等經濟往來，總不免產生不同貨幣之間的收支關係。但各國貨幣制度不同，要想在國外支付，必須先以本國貨幣購買外幣。另一方面，從國外收到外幣支付憑證後，也必須兌換成本國貨幣，才能在國內流通。如此一來，就出現了本國貨幣與外國貨幣的兌換問題。

兩國貨幣的比價稱為匯價或匯率。西方國家的中央銀行為執行外匯政策，會影響外匯匯率，經常買賣外匯。所有買賣外匯的商業銀行、專營外匯業務的銀行、外匯經紀人、進出口商，以及其他外匯供求者，都經營各種現匯交易及期匯交易，這一切外匯業務就組成了一國的外匯市場。

外匯市場從創始至今已歷經數次改變。以前，美國及其盟國皆以布列敦森林協議（Bretton Wood Agreement）為準則，即一國貨幣匯率只要釘住美元與黃金固定價格的關係。然而在1971年夏天，尼克森總統暫停美元與黃金的兌換後，就產生了匯率浮動制度。

現在一國貨幣的匯率，取決於供需及其相對價值。共產主義瓦解、亞洲及拉丁美洲的戲劇性經濟成長，可視為減少外匯障礙並增加機會，為外匯投資人帶來新契機。

基本功
認識基本名詞，
你再加入戰局才妥當

　　貿易頻繁往來和國際投資增加，使得各國間經濟形成密不可分的關係。全球的經常性經濟報告，如通貨膨脹率、失業率及一些不可預期的消息，如天災或政局不安定等，皆成為影響幣值的因素，而幣值的變動，也影響了貨幣在國際間的供需狀況。

　　美元波動持續抗衡世界上的其他貨幣。**國際性貿易及匯率變動的結果，造就了全球最大的交易市場──外匯市場，這是一個具高效率、公平性及流通性的世界級市場。**

　　外匯交易並非傳統印象中的實體市場，是透過電話和網路，在世界各地交易。直接的銀行間市場，是以具外匯清算交易資格的交易商為主（實際上，所謂的外匯交易是指世界級的大型投資銀行），他們的交易構成總體外匯交易中的大額交易，也使外匯市場成為最具流通性的市場。

　　一般來說，外匯交易屬於場外交易，由經紀人或經銷商直接撮合，不需要透過交易所或結算所。交易量最大的地方是英國，主要是倫敦。

　　根據The City UK的估計，英國的交易額從2007年4月的34.6％，增加到2010年4月的36.7％。倫敦在市場中居主導地位，所以一個外匯報價往往是指倫敦的市場價格。例如，當國際貨幣基金組織（IMF）計算每天的特別提款權價值時，他們使用的就是倫敦中午的市場價格。

　　外匯市場是全球最大的金融市場，單日交易額平均高達3兆美元。在傳統印象中，認為外匯交易僅適合銀行、財團及財務經理人所應用，但是這些年外匯市場持續成長，且已連結了全球的外匯交易人。

　　包括銀行、中央銀行、經紀商及公司組織，例如進出口業者和個別投資人，且許多機構組織包括美國聯邦銀行，都透過外匯賺取豐厚的利潤。現今，外匯市場不僅為銀行及財團提供了獲利的機會，也為個別投資者帶來獲利契機。

◆ 外匯市場是最具流通性的市場

外匯市場的主要參與者

1. 中央銀行（central bank）
2. 外匯銀行（specialized foreign exchange bank）
3. 外匯經紀人（broker）
4. 貼現商號（discount company）
5. 外匯交易商（foreign exchange trader）

6. 跨國公司（multinational company）

7. 外匯投機者（speculator on foreign exchange）

8. 進出口商和其他外匯供需者

以上八類參與者，歸納起來就是中央銀行、外匯銀行、外匯經紀人和外匯市場客戶等四部分。這四大部分對市場的參與，構成了以下匯市交易的五大形式或關係：

1. 各中央銀行之間的外匯交易

2. 中央銀行與各外匯銀行之間的外匯交易

3. 不同外匯市場中各外匯銀行之間的外匯交易

4. 同一外匯市場中各外匯銀行之間的外匯交易

5. 外匯銀行與外匯經紀人或客戶之間的外匯交易

上述外匯市場的參與者當中，主要包括以下五類：

1. 中央銀行與監管機構

各國的中央銀行是外匯市場上的重要參與者。因為它們持有相當數量的外匯餘額，作為國際儲備的重要構成部分，並承擔讓本國貨幣金融市場維持穩定的職責。外匯市場具極高重要性，各國一般由專門的監管機構來規範，我國外匯市場的監管機構為金融監督管理委員會。

2. 交易中心

大部分國家的外匯市場都有一個固定的交易場所，交易

中心為參與交易的各方，提供有規則和次序和結算機制，讓會員之間的交易更便利，也促進市場穩定發展。

3. 外匯銀行

外匯銀行又叫外匯指定銀行，是指根據外匯法，由中央銀行指定經營外匯業務的商業銀行或其他金融機構。外匯銀行大致可分為三類：專營或兼營外匯業務的本國商業銀行、在本國的外國商業銀行分行和本國與外國的合資銀行，以及經營外匯業務的其他金融機構。

4. 外匯銀行的客戶

凡是與外匯銀行有交易關係的公司和個人，都是外匯銀行的供應者、需求者和投機者，在外匯市場上均占有重要地位。他們之中有為進行國際貿易、國際投資等經濟交易而買賣外匯者，也有零星的外匯供求者，如國際旅遊者、留學生等。我國外匯銀行的主要顧客是有外匯需要的各類企業，基於生產經營和國際貿易需要，產生了外匯需求和供給。

5. 外匯經紀商

外匯經紀商指介於外匯銀行之間、外匯銀行和其他外匯市場參與者之間，進行聯繫和接洽外匯買賣，從中賺取佣金的經紀公司或個人。目前外匯經紀商的角色，已隨亞洲市場的蓬勃發展而快速成長，外匯經紀商的作用將逐步擴大。

按外匯市場外部形態分類，可分無形和有形外匯市場。

「無形外匯市場」也稱為抽象的外匯市場，是指沒有固定、具體場所的外匯市場。這種市場最初流行於英國和美國，故其組織形式被稱為英美方式。現在，這種組織形式不僅擴展到加拿大、東京等其他地區，也滲入到歐洲大陸。

目前，除了歐洲大陸國家的一部分銀行，與顧客之間的交易還在外匯交易所進行外，世界各國的外匯交易均透過現代通訊網路進行。無形外匯市場已成為今日外匯市場的主導形式。

無形外匯市場的主要特點：

1. 沒有確定的開盤與收盤時間。

2. 外匯買賣雙方無需面對面交易，外匯供給者和需求者憑藉電話或電腦網路，與外匯機構聯繫。

3. 各主體之間有較好的信任關係，否則難以完成交易。

「有形外匯市場」也稱為具體的外匯市場，是指有具體固定場所的外匯市場。這種市場最初流行於歐洲大陸，故其組織形式被稱為大陸方式。

在自由競爭時期（以交易所為主體時），西方各國的外匯買賣主要集中在外匯交易所，但進入壟斷階段（銀行壟斷）後，使得外匯交易所日漸衰落。

有形外匯市場的主要特點：

1. 固定場所一般指外匯交易所，通常位於世界各國金融

中心。

2. 從事外匯業務經營的雙方，都在每個交易日的規定時間內進行外匯交易。

按外匯所受管制程度分類，可分為自由外匯市場、官方市場和外匯黑市。自由外匯市場是指政府、機構和個人可以買賣任何幣種、任何數量的市場。

自由外匯市場的主要特點：

1. **買賣的外匯不受管制。**

2. 交易過程公開。例如：美國、英國、法國、瑞士的外匯市場，皆屬於自由外匯市場。

官方市場是指按政府外匯管制法令來買賣外匯的市場。這種外匯市場對參與主體、匯價和交易過程，都有具體規定。**在發展中國家，官方市場較為普遍。**

外匯黑市是指非法進行外匯買賣的市場。**由於發展中國家大多執行外匯管制政策，不允許自由外匯市場存在，所以這些國家的外匯黑市比較普遍。**

外匯黑市的主要特點：

1. 在政府限制或法律禁止外匯交易的條件下產生。

2. 交易過程具有非公開性。

另外，按外匯買賣的範圍分類，可分為外匯批發市場和外匯零售市場。前者是指銀行同業之間的外匯買賣行為及場所，主要特點是交易規模大。後者是指銀行與個人及公司客戶之間，進行的外匯買賣行為及場所。

外匯市場的交易工具

外匯市場的交易方式和工具種類繁多，市場參與者可根據自身的需要靈活選取。

1. 即期交易（Spot）

外匯即期交易也稱現匯交易或現匯買賣，交易雙方以當時外匯市場的價格成交，並在成交後兩個營業日內，辦理有關貨幣收付交割的外匯交易。這是匯市上最常見、最普遍的買賣形式。由於交割時間較短，所受的外匯風險也較小。

2. 遠期交易（Forward）

遠期交易是指外匯買賣成交時，雙方先簽訂合同，規定交易的幣種、數額、匯率以及交割時間、地點等，並於將來某個約定時間，按照合同規定進行交割的一種方式。遠期外匯交易的期限按月計算，一般為一個月到六個月，也有可長達一年的，但通常為三個月。

3. 掉期交易（Swap）

掉期交易是指同時買進和賣出相同金額的某種外匯，但買賣不同交割期限的一種交易方式。進行掉期交易的主要目

的，在於避免匯率波動的風險。

4. 外匯期貨交易

外匯期貨交易是指按照合同規定，在將來某一指定月份買進和賣出，規定金額外幣的交易方式。目前，世界主要金融中心都設立了金融期貨市場，外匯期貨現在已經成為套期保值（編按：指國際間從事貿易的人士，為避免因匯率變動產生的損失，預期未來某特定交割日，將收付一定金額的外幣）和投機的重要工具。

5. 外匯期權交易

外匯期權是一種以一定費用（期權費），獲得在一定時刻或時間內，擁有買入或賣出某種外匯權利的合約。期權合同的賣方可以在到期日之前，按合同約定的匯率，買進或賣出約定外匯數量，但也有不履行合同的權利。

外匯市場的特點

1. 24小時交易

由於全球金融中心的地理位置不同，各大外匯市場因時差的關係，成為晝夜不停，全天24小時連續運作的巨大市場。威靈頓、雪梨、東京、香港、法蘭克福、倫敦和紐約等各大外匯市場緊密相聯，為投資者提供沒有時間和空間障礙的理想投資場所。只有星期六、星期日以及各國的重大節日，外匯市場才會關閉。

2. 成交量巨大

外匯市場是世界上最大的金融交易市場，每天成交額平均超過3兆美元，高峰期甚至能超過5兆美元。規模已遠遠超過股票、期貨等其他金融商品市場，財富轉移的規模愈來愈大，速度也愈來愈快。

3. 有市無場

外匯買賣是透過沒有統一操作市場的行商網路所進行，現代化通信設備和電腦，普及應用這個由訊息流和資金流組成的無形市場。各國外匯市場之間已形成一個迅速、發達的通信網路，任何一地的外匯交易，都可透過電話、電腦、手機等設備，全球聯通進行交易，完成資金劃撥和轉移。

這種沒有統一場地的外匯交易市場，被稱為「有市無場」，儘管如此，它卻具備訊息公開、傳遞迅速的特點。

4. 零和遊戲

在外匯市場上，匯價波動表示兩種貨幣的價值量變化，也就是一種貨幣價值減少，而另一種貨幣價值增加。因此有人形容外匯市場是「零和遊戲」，更確切地說，就是財富轉移之意。

5. 交易成本低

外匯交易不收取佣金或手續費，只設定點差作為交易成本。相對其他金融商品，成本較為低廉。

6. 雙向交易

外匯市場可進行雙向交易，交易者可以先買後賣進行多頭交易，也可以先賣後買進行空頭交易。而股票市場則只能是先買後賣，進行單向交易。

7. 政策干預低

一國中央銀行會從實現貨幣和匯率政策，巨集觀經濟（以整體經濟和個體經濟，綜合觀察全球經濟，尤其是與自身國家貿易密切的夥伴，以及對手國家的經濟發展狀態）運行的整體要求等角度出發，對外匯市場進行相應的干預活動。

不過中央銀行進行干預的能力，在這個容量巨大的外匯市場上並不突出，況且買賣雙方陣營中，隨時都有大型金融機構及為數眾多的普通交易者存在，且不斷地參與交易活動，所以沒有機構或個人能夠操縱市場。**與期貨或股票市場相比，國際外匯市場是最公平的市場。**

8. 成交方便

能利用槓桿進行保證金交易，是外匯交易相對股票交易的主要優勢。外匯市場每天的交易量平均在3兆美元，是美國股市日交易量的30倍。巨大的交易量使市場保持高度流通，因此也保證價格的穩定。**高交易量、高流通性和高價格穩定性，是支持高槓桿率的三個因素。**

總整理

一張表格看懂8大匯市特點

　　世界上交易量大且具國際影響的外匯市場有：倫敦、紐約、巴黎、法蘭克福、蘇黎世、東京、盧森堡、香港、新加坡、巴林、米蘭、蒙特利爾和阿姆斯特丹等。這些市場上買賣的外匯主要有歐元、英鎊、瑞郎、加幣、日圓等貨幣，也有買賣其他貨幣，但為數較少。

　　主要的國際市場有三十多個，最重要的就是倫敦、紐約和東京，剩下如新加坡、巴黎和雪梨等，規模都較小，但是也不能忽略這些中小市場，因為正是這些中小市場，使得外匯市場24小時不停地運作。

　　一個市場的匯率波動，會迅速波及其他市場，但每一個市場又有自己不同的特點。透過34～37頁的表格，有助於更了解外匯市場。

全球外匯市場最密集的時間，就是紐約和倫敦市場同時進行的時間，這是外匯交易最熱絡的時候，大家一定記住這個時間。

如果投資人每天投入一個小時進行外匯交易，這個時間最好選在晚上9點半到12點半之間，三個小時的時間抽一個小時做，這樣會比較有效率，機會相對也比較多。而且台北時間從晚上9點半到12點之間，也剛好是美國很多經濟指標發布的時候（註：歐美國家實行夏令時間時，時間可能會有不同）。

國家	市場形式	交易時間 （台北時間）
倫敦 外匯市場	典型的無形市場，一直都是全球最大的外匯市場。	15:30～00:30 （凌晨）
紐約 外匯市場	1. 完全透過現代化的電腦及網路通訊進行。 2. 屬於金融外匯市場，投機交易所占比例非常大。 3. 全球90％以上的美元交易，都透過紐約銀行清算系統結算。因此紐約外匯市場成為美元的國際結算中心。	21:30～04:00 （凌晨）
東京 外匯市場	屬於無形交易市場，可進行銀行同業交易，也可以透過經紀人進行。	8:00～11:00和 12:30～16:00

交易幣種	備註
交易幣種眾多，經常有三十多種，其中交易規模最大的為英鎊兌美元，其次是英鎊兌歐元、瑞郎和日圓等。	1. 間接標價法，以英鎊為自己的主貨幣。 2. 幾乎所有國際性大銀行都在倫敦設有分支機構，由於與紐約外匯市場的交易時間互相銜接，因此每日的21:00至次日01:00，是各主要幣種波動最活躍的階段。 3. 一到台北時間下午，交易量開始變大。
除美元外，各主要貨幣的交易幣種依次為歐元、英鎊、瑞郎、加幣、日圓等。	1. 沒有外匯管制，政府也不會指定專門銀行，幾乎所有美國銀行和金融機構，都可以經營外匯業務。 2. 參與者還是以商業銀行為主，包括五十餘家商業銀行，還有二十多家外匯銀行，交易非常活絡。 3. 有直接標價法，同時也採用間接標價法。 4. 交易量非常大。
交易品種較單一，主要是日圓對美元及歐元。	日本作為出口大國，其進口貿易的收付較集中，所以比較容易受干擾。交易量稍小。

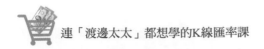

國家	市場形式	交易時間 （台北時間）
巴黎 外匯市場	有形和無形市場的結合，有形市場是指巴黎交易所進行的外匯交易，類似證券市場。	16:00～23:00
雪梨 外匯市場	全球開市較早的外匯市場之一。	06:00～15:00
紐西蘭 威靈頓 外匯市場	全球開市時間最早的外匯市場。	04:00～13:00
香港 外匯市場	無形市場。	10:00～17:00
法蘭克福 外匯市場	分為訂價市場和一般市場。	14:30～23:00

交易幣種	備註
主要的品種是美元對英鎊及歐元。	
交易幣種以澳元、紐西蘭元和美元為主。	匯率波動較為平靜，交易量稍小。
	交易量較小。
早期以兌換港幣和英鎊為主，現在美元已成為主要交易貨幣。	
交易貨幣主要有美元、英鎊、瑞士法郎及歐元等。	

02
為什麼要投資美元，
而不是辛巴威幣？

想賺匯差，
你一定要知道的2件事

　　外匯是什麼？最直白的解釋就是使用他國貨幣，這種經驗大家應該都有。舉個例子說明，在國外旅行想買衣服或鞋子，商品標示著當地貨幣的售價，這時你一定會將這個售價轉換成本國貨幣，比較相同商品在兩地誰比較便宜？如果相對國內便宜，就能非常爽快地花錢購買。

　　上面這個例子已經包含**外匯的精髓，也就是兩個不同貨幣間的比價關係（購買力）**，事實上，你已經在賺匯差了。

　　我們用另一種方式詮釋外匯。外匯是外國的貨幣，同時也是外國的借據。為什麼是借據？因為**貨幣本身並無實際價值，貨幣的價值是建立在國家信用上。**如果你擁有美國貨幣，依照美國的信用能力判斷，你的美元很有價值。如果你擁有的是辛巴威貨幣，依照辛巴威的信用能力判斷，該貨幣跟紙的價值可能沒兩樣。同樣是紙，你想要哪張？

圖 2 美元 V.S. 辛巴威幣

貨幣本身並無價值，真正的價值是建立在該國的信用上。

　　當我們賣產品給外國時，外國不會直接用等值產品與我們交換，而是以同等價值的外國貨幣來交換。同時，我們如果想在外國買產品，可以透過外國貨幣購買。這有點像是打借據的模式，也就是所謂信用的產生。世界上大部分的國家，彼此都是建立在信用模式上，信用可以節省很多交易時間與成本。

◆ 第1件事：匯差是怎麼形成的？

　　匯率之所以會出現變動（波動），完全是因為考量國際貿易上主要對手間的通貨匯率水準，才做調整。

　　台灣外銷量極大，每年都會收到大量美元，這些美元可以用來向美國購買產品（小至民生用品，如水果、海鮮、汽

車；大至資產，如房屋、債券），如果台灣人要去美國買東西，就必須透過銀行將台幣換成美元，這之中浮現一個問題，那就是台幣跟美元要怎麼換？

匯率是用來計算兩國貨幣相對的價值（也就是購買力），如果匯率是1，代表美元跟台幣是同等價值，假設美元兌台幣大約為31，表示1美元可以換到31元台幣。

在2009年3月間曾創下1美元兌35.238台幣的紀錄，在2011年5月，也曾升值到28.485的價位。同樣是1美元，在不同時期兌台幣，卻出現了6.7530的匯兌價差（匯差）。試想一下，如果你手中持有的不是1美元，而是100萬美元，對台幣的匯差會是6,753,000這樣一個數字。等於外匯市場平白無故送你一輛雙B轎車，還足以讓你環遊世界一圈。

圖 3	我國與主要貿易對手通貨的匯率日資料

註：做異啟舊年度日資料，請接次年度左個之加號

日期	新台幣 NTD/USD	日圓 JPY/USD	英鎊 USD/GBP	港幣 HKD/USD	韓元 KRW/USD	加拿大幣 CAD/USD	新加坡元 SGD/USD	人民幣 CNY/USD	澳幣 USD/AUD	印尼盾 IDR/USD	泰銖 THB/USD	馬來西亞幣 MYR/USD	菲律賓披索 PHP/USD	歐元 USD/EUR
2015/ 4/23	31.131	119.88	1.4985	7.7501	1082.2	1.2243	1.3471	6.1980	0.7735	12,957.5	32.440	3.6275	44.298	1.0684
2015/ 4/24	31.051	119.30	1.5137	7.7500	1079.4	1.2134	1.3362	6.1950	0.7806	12,925.0	32.470	3.5780	44.240	1.0878
2015/ 4/27	30.861	119.21	1.5159	7.7502	1073.0	1.2183	1.3329	6.2206	0.7814	12,970.0	32.650	3.5655	44.280	1.0856
2015/ 4/28	30.831	119.03	1.5250	7.7504	1070.0	1.2109	1.3287	6.2057	0.7883	12,987.5	32.650	3.5640	44.275	1.0881
2015/ 4/29	30.695	118.92	1.5389	7.7504	1068.6	1.2017	1.3204	6.1997	0.7995	12,942.5	32.750	3.5600	44.310	1.0998
2015/ 4/30	30.752	118.90	1.5461	7.7504	1072.4	1.2006	1.3242	6.2008	0.7954	12,949.5	32.930	3.5565	44.530	1.1220
2015/ 5/ 4	30.776	120.14	1.5141	7.7523	1079.2	1.2162	1.3321	6.2090	0.7824	13,002.5	33.340	3.5625	44.600	1.1154
2015/ 5/ 5	30.781	120.14	1.5135	7.7516	1081.8	1.2115	1.3369	6.2062	0.7875	13,037.5	33.390	3.6065	44.600	1.1085
2015/ 5/ 6	30.753	119.75	1.5185	7.7519	1080.0	1.2034	1.3270	6.2007	0.7982	13,040.5	33.240	3.5730	44.535	1.1244
2015/ 5/ 7	30.803	119.40	1.5215	7.7528	1089.7	1.2064	1.3301	6.2069	0.7956	13,130.0	33.510	3.6020	44.710	1.1367
2015/ 5/ 8	30.765	120.01	1.5473	7.7535	1088.3	1.2104	1.3304	6.2094	0.7900	13,104.0	33.535	3.5985	44.608	1.1217
2015/ 5/11	30.780	119.99	1.5424	7.7530	1091.3	1.2127	1.3354	6.2096	0.7892	13,145.0	33.670	3.6045	44.648	1.1157

註1：本匯率資料係台灣時間當日16:00，各通貨當地或全球
　　　外匯市場，銀行間即期交易的即時匯率，僅供研究參考
　　　用。國際貿易的出、進口匯率，宜使用銀行對顧客的買
　　　入、賣出匯率。

註2：歐元於2002年3月1日，成為歐元區唯一法償貨幣，自
　　　2002年1月2日起不再有馬克、法郎及荷蘭幣之匯率日
　　　資料。

◆ 第2件事：匯率該如何決定？

　　通常在市場交流中，匯率會因各國貿易情況而改變，如
果兩國之間的貿易關係，出現一國持續性出口大於進口的現
象（貿易順差），則該國的貨幣價值理應要上升。外國持續

跟本國買東西，代表外國貨幣的匯出量大於流入量。外國的信用一直在擴張，所以信用價值就必須下降，而本國的信用將會上升。

這種貨幣此消彼長的情況，如果一直持續，未必是件好事，在此說明一個基本觀念：

美國對日本一直存在著貿易逆差，長期以來，日圓對美元當然是處於升值狀態。2011年3月，甚至突破了在1995年4月的歷史高點79.70，這也對以出口為主的日本非常不利。

當時日圓的強勢，使得2011年至2012年初，GDP快速陷入0之下的通縮情況，迫使日本政府及央行不得不出手挽救，再次陷入通縮經濟，隨之而來的，就是日本央行大規模的實施貨幣寬鬆政策（QE）。

當然，當時我看到了這個難得的發財機會，除了在外匯市場買入USDJPY之外，同時還在銀行增加美元定存部位。不看利息所得，只看貨幣升值的購買力價值，才能賺到錢。

| 圖 **4** | 台灣銀行2015年1月份，台幣兌美元及日圓的歷史匯率表 |

掛牌日期	幣別	現金匯率		即期匯率	
		買入	賣出	買入	賣出
2015/01/30	美金 (USD)	31.15000	31.69200	31.45000	31.55000
2015/01/29	美金 (USD)	31.05000	31.59200	31.35000	31.45000
2015/01/28	美金 (USD)	30.86000	31.40200	31.16000	31.26000
2015/01/27	美金 (USD)	30.93000	31.47200	31.23000	31.33000
2015/01/26	美金 (USD)	30.93500	31.47700	31.23500	31.33500
2015/01/23	美金 (USD)	30.95000	31.49200	31.25000	31.35000
2015/01/22	美金 (USD)	31.08500	31.62700	31.38500	31.48500
2015/01/21	美金 (USD)	31.15000	31.69200	31.45000	31.55000
2015/01/20	美金 (USD)	31.31500	31.85700	31.61500	31.71500
2015/01/19	美金 (USD)	31.13500	31.67700	31.43500	31.53500
2015/01/16	美金 (USD)	31.21000	31.75200	31.51000	31.61000
2015/01/15	美金 (USD)	31.36000	31.90200	31.66000	31.76000
2015/01/14	美金 (USD)	31.44500	31.98700	31.74500	31.84500
2015/01/13	美金 (USD)	31.47000	32.01200	31.77000	31.87000
2015/01/12	美金 (USD)	31.49500	32.03700	31.79500	31.89500
2015/01/09	美金 (USD)	31.56000	32.10200	31.86000	31.96000
2015/01/08	美金 (USD)	31.64500	32.18700	31.94500	32.04500
2015/01/07	美金 (USD)	31.63000	32.17200	31.93000	32.03000
2015/01/06	美金 (USD)	31.63000	32.17200	31.93000	32.03000
2015/01/05	美金 (USD)	31.60000	32.14200	31.90000	32.00000

↓

若以膨脹的美元去兌換貶值的日圓，將可賺到一筆可觀的匯差。

↑

掛牌日期	幣別	現金匯率		即期匯率	
		買入	賣出	買入	賣出
2015/01/30	日圓 (JPY)	0.25870	0.26970	0.26520	0.26920
2015/01/29	日圓 (JPY)	0.25830	0.26930	0.26480	0.26880
2015/01/28	日圓 (JPY)	0.25580	0.26660	0.26220	0.26620
2015/01/27	日圓 (JPY)	0.25650	0.26730	0.26290	0.26690
2015/01/26	日圓 (JPY)	0.25650	0.26730	0.26290	0.26690
2015/01/23	日圓 (JPY)	0.25640	0.26720	0.26280	0.26680
2015/01/22	日圓 (JPY)	0.25800	0.26890	0.26440	0.26840
2015/01/21	日圓 (JPY)	0.25920	0.27020	0.26570	0.26970
2015/01/20	日圓 (JPY)	0.25930	0.27030	0.26580	0.26980
2015/01/19	日圓 (JPY)	0.26040	0.27140	0.26690	0.27090
2015/01/16	日圓 (JPY)	0.26230	0.27340	0.26890	0.27290
2015/01/15	日圓 (JPY)	0.26080	0.27180	0.26730	0.27130
2015/01/14	日圓 (JPY)	0.26320	0.27430	0.26980	0.27380
2015/01/13	日圓 (JPY)	0.26070	0.27170	0.26720	0.27120
2015/01/12	日圓 (JPY)	0.26070	0.27170	0.26720	0.27120
2015/01/09	日圓 (JPY)	0.25870	0.26970	0.26520	0.26920
2015/01/08	日圓 (JPY)	0.25870	0.26970	0.26520	0.26920
2015/01/07	日圓 (JPY)	0.26020	0.27120	0.26670	0.27070
2015/01/06	日圓 (JPY)	0.25990	0.27090	0.26640	0.27040
2015/01/05	日圓 (JPY)	0.25700	0.26780	0.26340	0.26740

　　各位可以試想，當你拿著膨脹的美元（美元兌台幣在2015年1月，有多天是在32以上的賣價）去兌換重度貶值的日圓（台幣兌日圓在2015年1月，有多天是在0.26以上的買價），再去日本觀光消費，那會是一件多麼愜意愉快的事，這可是日本央行在外匯市場送的大禮。

　　即使到我寫書的現在（2015年6月），日圓都還因為經濟通縮的問題，持續在貶值的高位震盪。只要通縮問題不解決，日圓的貶勢不會立刻結束。

　　上述情況是建立在經濟條件對等的國家，現今每個國家的經濟條件都不相同，有資源豐富、科技進步和政策強勁的國家等，條件上的不同使得匯率變得更有彈性和波動性，外匯市場理所當然受到全球投資者矚目。我個人就是因為察覺到外匯市場的優勢，才會在近10年中幾乎只選擇外匯，作為累積財富的不二選項。

其實炒匯很簡單，連日本菜籃族渡邊太太都會

如果去菜市場是為了買菜，那麼去外匯市場，就是要買外國貨幣。從前外匯市場大多是政府央行與金融機構的地盤，現在因為金融發展快速，大量推出多種新型的金融商品，其中不乏外匯商品：外匯存款、外匯基金、外匯期貨以及外匯保證金交易等，全球投資人都能參加，當中最有名的例子，就屬日本的渡邊太太（日本菜籃族散戶的暱稱）。

隨著21世紀到來，東京外匯保證金市場出現了一個奇怪的現象：上午明明處於某種市場行情中，但中午一過，市場上便突然進入轉折波動行情，大量資金同時進入或抽出。

經過工作人員一番調查後發現，家庭主婦忙完上午的家務、吃過午飯後，不約而同一起出動炒匯。經過統計後發現，這些家庭主婦已經占據日本外匯保證金市場，近三分之一的成交量，儼然已形成一支具有強大金融影響力的「太太軍團」。

在2006～2007年間，日美利差曾有一段時間穩定在5%。日圓與澳元利差，在2007年8月更一度達到6%，投資收益相當可觀。由於日圓的貶值及利差誘因，日本主婦們喜

歡賣出手中的日圓，買進銀行利息較高的澳元或紐元，並存入當地銀行。

紐西蘭人發現有許多姓氏為「渡邊」（Watanabe，日本四大姓氏之一）的帳戶，就稱呼這些外匯市場上的日本主婦為「渡邊太太」（Mrs. Watanabe）。

當時戰績卓越的「渡邊太太」鳥居萬友美，透過炒外匯每月可賺取100萬日圓（100日圓約合1.15美元），投資報酬率高達200％，她還著有《炒匯王──賣在最高點》一書，大大激勵了同樣需要照顧孩子和家務的主婦們，積極參與外匯投資。

從20世紀90年代的金融危機後，日本政府為了刺激國內經濟發展，增加市場資金流動性，日本央行長期執行超低利率，甚至零利率政策。此政策反而促使許多原本靠銀行利息理財的日本家庭主婦，不得不考慮其他理財方式。其中一個看似最簡單的方式，就是將手裡的錢換成外國貨幣，存到利息較高的外國銀行。

從那時起，渡邊太太們就將資金投向海外金融市場，以賺取高額收益，並開始炒起了外匯。她們借貸利率低的日圓兌換成外幣，然後投資海外高利率資產（境外債券或外匯存款），同時也參與投機性極強的外匯保證金交易。

值得一提的是，當時這種炒匯現象不只發生在日本，台灣也一樣。我記得岳父當年曾透露一個資訊給我，在他參加

的銀髮族泡湯聚會活動中，大家討論將台幣定存轉進利息較高的澳幣存款，除了賺利差，同時還可以賺到匯差，足見銀髮族的投資眼光也有其獨到之處。

綜合以上真實故事，我們領悟到一件事：**全世界的投資人都一樣，只要哪裡出現利差的機會，資金自然就會往那裡去。**美國、歐元區及日本的零利率政策，主要起因都是經濟發展陷入困境。這些借貸出來的資金，在市場找尋投資標的，不僅刺激經濟活動，還造就新興市場的繁榮，並且開啟全球房地產及股票市場的榮景。

想當然，當這些國家脫離了經濟困境，必然會開始升息，擺脫0利率下的通縮環境。當初借貸來的資金，到時勢必會陸續回到這些借貸國家，外匯市場自然又會出現一波新的波動行情。我們只要留意觀察，就可以輕輕鬆鬆在外匯市場，等著「匯差」送進門。

◆ 如何參與外匯市場交易？

參與外匯市場最快速、簡單的作法，就是找銀行做外匯存款，若你看好某國家的貨幣會升值，就去買該國的貨幣存款，待其升值後再換回來。另一個參與外匯市場的入門方法，就是買基金，基金公司會替你在外匯市場上獲取報酬，不必花太多心思關注。

比較積極參與的投資者，可以選擇**外匯期貨或外匯保證**

金交易，此種槓桿放大的交易模式，可以讓投資人快速獲取交易報酬，且成果讓人驚豔，當然也伴隨著一定的風險。

我個人比較傾向外匯保證金交易，因為我始終認為，理財投資這事還是要靠自己，專業只要靠後天不斷地學習就行了。外匯保證金交易除了上述以小搏大的槓桿優勢外，最主要的是簡單明瞭又很方便。不受時間限制，可以快速地在電子交易平台上選定標的，並且完成交易，而你只需支付些微的點差作為手續費用（交易成本）。

圖 5　外匯期貨或外匯保證金交易報價畫面

市價

① 產品	② 賣值Bid	③ 買值Ask	④ 前賣值Bid	⑤ 前買值Ask	⑥ 最高Bid	⑦ 最低Bid	⑧ 時間
EURUSD	↑1.11551	1.11611	1.11550	1.11610	1.11570	1.11540	05:23:23
USDJPY	↓120.085	120.145	120.087	120.147	120.098	120.068	05:24:23
GBPUSD	↓1.55859	1.55919	1.55862	1.55922	1.55871	1.55827	05:24:35
USDCHF	↓0.93378	0.93438	0.93379	0.93439	0.93408	0.93374	05:23:25
USDCAD	↑1.20951	1.21011	1.20950	1.21010	1.20974	1.20940	05:24:35
AUDUSD	↑0.78912	0.78972	0.78911	0.78971	0.78920	0.78883	05:22:00
EURJPY	↑133.966	134.036	133.965	134.035	133.998	133.943	05:24:34
GBPJPY	↓187.170	187.240	187.172	187.242	187.202	187.112	05:24:36
CHFJPY	↓128.551	128.621	128.552	128.622	128.561	128.495	05:24:35
CADJPY	↓99.266	99.336	99.267	99.337	99.275	99.232	05:24:35
AUDJPY	↓94.775	94.845	94.778	94.848	94.784	94.741	05:24:23
EURGBP	↑0.71560	0.71630	0.71554	0.71624	0.71567	0.71545	05:24:13

以圖5為例，說明一般電子交易平台上的資訊。

① 產品：交易貨幣兌換標的，EURUSD指的就是歐元兌美元的關係。

② 賣值Bid：指做空方交易當時的報價，數字前面的箭頭符號，如果往上，代表目前標的處於升值。

③ 買值Ask：指做多方交易當時的報價。

④ 前賣值Bid：指在賣值之前的上一筆空方交易成交的價格。

⑤ 前買值Ask：指在買值之前的上一筆多方交易成交價格。

⑥ 最高Bid：指到目前為止，當日交易所出現的最高賣出成交價格。

⑦ 最低Bid：指到目前為止，當日交易所出現的最低賣出成交價格。

⑧ 時間：指最近這筆交易成交當時的時間，可進一步看出，目前該標的在市場處於成交熱絡與否的狀態。

◆ 讓匯率多變的特性，幫助你獲利

以往，一般人對外匯市場的了解僅是模糊的外幣概念，然而，歷經幾個時期演進，已經較能為一般人所了解，而且也逐漸懂得運用，作為投資理財的工具。事實上，不論你是否了解外匯市場，每個人早已身為其中的一分子，口袋中的錢已經讓你成為貨幣的投資人。

舉例說明。當日圓大幅貶值時，會有許多人利用本國貨

幣購買力的轉強，跑去日本觀光消費。如果你居住於美國，各項貸款、股票、債券及其他投資，都是以美元為單位。

　　換句話說，除非你是少數擁有外幣帳戶或買入外幣、股票的多種貨幣投資人，否則就是美元的投資者。光是以持有美元而言，美元的升值或貶值，都會影響你的資產價值，進而影響總體財務狀況。所以，精明的投資人懂得利用匯率多變的特性，進行外匯交易，從中獲利。

03
為什麼黃金會影響匯率？

打開世界貨幣史，最重要的就是各國的黃金存量

蝦毀？美元還有指數！美元就美元，美元指數（US Dollar Index, USDX）又是什麼？美元指數跟外匯又有什麼關係？

美國這個科學發達的國家，透過數據進行眾多分析。將各個時期的數字計算之後，變成一系列數據資料，如此一來，僅僅讀取數據，便能清楚分辨「趨勢」的走向。

美元指數其實就類似衡量美股綜合狀態的道瓊工業平均指數（Dow Jones Industrial Average），指數走升就是看好美國經濟，走跌則是看壞。

美元指數顯示的就是美元的綜合值，透過美元與六種國際主要貨幣（當然也一定是美國的主要貿易國）的匯率，加權幾何平均而得，是衡量美元及六種貨幣彼此間，強弱關係的終極指標。所以，如果要搞懂外匯（交易），就一定要先弄清楚什麼是美元指數。

◆ 匯市的雙掛鉤制度，成就美元貨幣中心的地位

我試著將美元指數、黃金與外匯市場的三角關係，比擬

成一段淒美哀怨的愛情故事，最終還是放棄了，因為我不是瓊瑤，但各位還是可以用看故事的心情了解一下。

話說1944年5月，美國邀請參加籌建聯合國的44國政府代表，在美國布列敦森林舉行會議，並簽訂了「布列敦森林協定」（Bretton Woods Agreements），建立了金本位制（以黃金為本位幣的貨幣制度）崩潰後的第二個國際貨幣體系——布列敦森林體系（Bretton Woods system）。

這一體系的核心是**「雙掛鉤」制度，即美元與黃金掛鉤、各國貨幣與美元掛鉤，美元儼然成為世界貨幣的中心，美國則承擔以官價兌換黃金的義務**。實際上來說，這是一種新的金匯兌本位制，在布列敦貨幣體制中，黃金在流通和國際儲備方面的作用都降低，美元則躍升成為這一體系中的主角。

黃金是穩定此一貨幣體系的最後屏障，所以黃金的價格及流動，自然就受到較嚴格的控制。各國禁止居民自由買賣黃金，導致市場機制難以有效地發揮作用。

布列敦森林貨幣體系是否能順利運轉，與美元的信譽和地位密切相關。在20世紀60～70年代，美國深陷越戰泥沼，財政赤字龐大且國際收入（指一個國家從外國獲取的所有收入）情況惡化，美元的信譽受到極大衝擊，爆發多次美元危機。當時大量資本外逃，各國紛紛拋售自己手中的美元，搶購黃金，使得美國黃金儲備急劇減少，倫敦金價暴漲。

在固定美元與黃金的對價下，美元貶值就等於拖累黃金價值。惡性循環使得美國再也沒有維持黃金官價的能力，經與黃金總庫（Gold Pool）成員（指美、英、法、德、義、比利時、荷蘭和瑞士）協商後，美國宣布不再按每盎司35美元官價向市場供應黃金，放任美元繼續貶值。

金價與美元的關係變成自由浮動，黃金的價值自然提升了，但各國政府或中央銀行仍按官價結算，因此開始了市價和官價並存的黃金雙價制階段。

這種雙價制（固定制與浮動制）僅維持了三年，美國當然不會接受，在固定制下提高黃金價格，去貼近浮動制下兩者的對價關係，歐洲國家只好以它們手中的美元來兌換美國的儲備黃金。

1971年8月，法國等西歐國家傳出要以美元大量兌換黃金的消息後，美國於當年8月15日，不得不宣布停止履行對外國政府或中央銀行，以美元向美國兌換黃金的義務。由於美元持續對黃金貶值，且美聯儲拒絕向其他國家央行出售黃金，從此美元與黃金掛鉤的體制名存實亡。

◆ 浮動匯率取代固定匯率

1973年3月，因美元貶值再次引發歐洲拋售美元，搶購黃金的風潮。當時西歐和日本外匯市場，甚至還為此不得不關閉了17天。經過磋商，最後在華盛頓的史密斯索尼安學院

（Smithsonian Institution）達成協議。

西方那時的主要貿易國，容許本國貨幣自由地與另一國貨幣進行浮動報價，西方國家放棄固定匯率制而改行浮動匯率制，象徵自由貿易理論家的勝利。

至此，布列敦森林貨幣體系完全崩潰，代之而起的就是著名的「史密斯索尼安協議」（Smithsonian agreement）。布列敦森林體系崩潰後，浮動匯率制取代了固定匯率制。

從此，外匯交易進入市場化階段，外匯市場成為全球最大且最活躍的金融市場，也是當今世界流動性最強的市場。美元成為當今最強勢貨幣，各國外匯儲備中最主要的貨幣就是美元。

在國際市場上，絕大多數商品以美元標價。因此，**美元的動向和漲跌是所有交易者最關心的事項，這時就需要一個能及時反映美元在外匯市場上整體強弱的指標，「美元指數」就此誕生。**

◆ 美元指數是重要的經濟指標

美元指數是參照1973年3月當時的六種貨幣（事實上當時是10個國家的貨幣），對美元匯率變化的加權幾何平均值計算，以100.00為基準來衡量價值。如果美元指數的報價是102.50，意思就是指從1973年3月以來，其價值上升了2.50％。而1973年3月會被選為參照點，就是因為當時是外

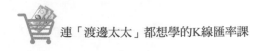

匯市場轉折的歷史性時刻。

　　另外，1999年1月1日歐元推出後，美元指數進行調整，將當時10個國家中屬於歐元體系的整合為一，從此占權值的貨幣變成6個。

　　美元指數並非來自芝加哥期貨交易所（CBOT）或是芝加哥商品交易所，而是出自紐約棉花交易所（NYCE）。紐約棉花交易所建立於1870年，初期由一群棉花商人及中介商組成，是紐約最古老的商品交易所，也是全球最重要的棉花期貨與期權交易所。

　　1985年紐約棉花交易所成立了金融部門，正式進軍全球金融商品市場，首先推出的便是美元指數期貨，隔年又推出美元指數期貨期權。儘管比外匯期貨晚出現13年，但迎合了市場需要，並獲得了成功，美元指數成為市場十分關注的一項重要經濟指標。

　　美元指數每週7天，每天24小時地被計算。其計算公式如下：

$$\cdot\ USDX = 50.14348112 \times EURUSD^{-0.576} \times USDJPY^{0.136} \times$$
$$GBPUSD^{-0.119} \times USDCAD^{0.091} \times USDSEK^{0.042} \times$$
$$USDCHF^{0.036}$$

（註：50.14348112是一個常數。這是為使基期指數為100而引入的。以上公式中的指數是貨幣的權重，具體為：EUR0.576、JPY0.136、GBP0.119、CAD0.091、SEK0.042、CHF0.036，另外SEK是瑞典克朗，瑞典1995年加入歐盟，但2003年的公投否決以歐元取代克朗。）

以2008.02.12為例，說明上述六個貨幣的報價：

- EURUSD：1.4505，$EURUSD^{-0.576}$=0.8072

  57.6%就是歐元占美元指數的權值。

- USDJPY：106.83，$USDJPY^{0.136}$=1.8876

  13.6%就是日圓占美元指數的權值。

- GBPUSD：1.9491，$GBPUSD^{-0.119}$=0.9237

  11.9%就是英鎊占美元指數的權值。

- USDCAD：1.0006，$USDCAD^{0.091}$=1.0000

  9.1%就是加幣占美元指數的權值。

- USDSEK：6.4998，$USDSEK^{0.042}$=1.0818

  4.2%就是瑞典克朗占美元指數的權值。

- USDCHF：1.1022，$USDCHF^{0.036}$=1.0035

  3.6%就是瑞士法郎占美元指數的權值。

- USDX=50.14348112×0.8072×1.8876×0.9237×

  1.0000×1.0818×1.0035=76.6127

2008年2月美元指數USDX 76.6127的水準，反映出相對於1973年基準點為100時，美元處於衰退23.3873點的狀況。

◆ 美元指數對經濟發展影響大

USDX是綜合反映美元在國際外匯市場匯率情況的指標，用來衡量美元對一籃子貨幣的匯率變化程度。**計算美元和對選定一籃子貨幣的綜合變化率，來衡量美元的強弱程度，從而間接反映美國的出口競爭力和進口成本的變動情況。**

美元指數上漲，說明美元與其他貨幣的比價上漲，也就是美元升值。國際上的主要商品都是以美元計價，所以對應商品的價格，應該呈現下跌。

美元升值對國家整體經濟發展大有好處，因為可以提升本國貨幣價值，增加購買力。但對一些行業也會造成衝擊。比如，貨幣升值會降低出口商品的價格，因此會影響一些公司的出口商品。

美元指數USDX的計算原則，是以全球各主要國家與美國之間的貿易結算量為基礎，以加權方式計算美元的整體強弱程度，並以100點為強弱分界線。

1999年1月1日歐元推出後，就針對當中的貨幣進行調整，從10個國家減少為6個國家，歐元也一躍成為最重要、權重最大的貨幣，所占權重達到57.6％。因此，歐元的波動對USDX的強弱影響最大。

賺美金投資者必懂：黃金與美元存在著負向關係

如果說了解並掌握美元指數的強弱，就等於掌握了外匯市場上，其他主要外匯儲備貨幣的脈動，那我們又該如何掌握美元指數的變化呢？

雖然美元與黃金掛鉤的體制在1971年已經名存實亡，但黃金報價仍以美元作為基準貨幣，差別只是在於不再像1944年的布列敦森林協議那樣，以35美元兌換一盎司的黃金。

目前黃金的價格由市場自由機制決定（自由浮動），看起來似乎沒什麼特別，其實特別的地方就在於，**黃金價格恰恰能反映出美元真實的購買力價值。**

舉一個例子說明，由圖6可看出，一盎司的黃金在1999年10月的價格是338美元，在2008年3月是1032.20美元，在2011年9月是1920.60美元。**同樣是一盎司的黃金，在不同時期以美元報價出現極大的「價差」，這個價差就反映出美元實際購買力價值的強弱差。**

如果各位在2011年9月買一盎司的黃金，就必須花上1920.60美元，但是在我編寫這本書的現在，就只需支付1171.25美元。我們可以說，美元在這幾年的購買力價值轉

強了，也就是美元升值了，我只要花更少的美元，就可以買到同樣重量的黃金。

聰明的人馬上就了解，原來黃金跟美元之間存在著一定的負相關。也就是如果我們發現**黃金價格走升，就代表著美元的購買力下降了，美元指數也會跟著走低。**

圖6 黃金與美元呈負相關

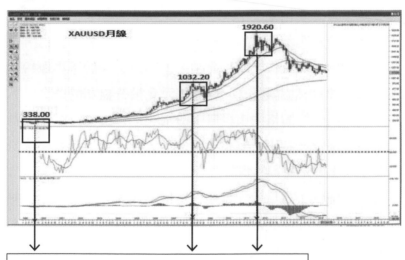

一盎司的黃金在1999年是338美元，到了2008年成了1032.20美元，而到了2011年甚至達到1920.60美元，足見美元購買力價值的變化。

　　將以上綜合整理，我們可以很清楚知道，**要掌握外匯市場的動向，就要先看懂美元指數。要看懂美元指數，就一定和黃金走勢脫不了關係。**所以我才說黃金是外匯市場的另一個主角。

◆ 黃金儲備可用來衡量一國的財力

　　黃金儲備是指一個國家的央行，用以平衡國際收支、維持或影響匯率水平，作為金融資產所持有的黃金總量。它在穩定國家經濟、抑制通貨膨脹和提高國際資金信用等方面，有著特殊作用。

　　黃金儲備的管理意義在於，讓黃金儲備實現最大可能的流動性和收益性。作為國際儲備的主要形式之一，黃金儲備在流動性上有存在的局限性，因此應考慮適度規模的問題。

　　黃金儲備量可以用來衡量一個國家的財富狀況，黃金儲備量高，代表抵禦國際投資基金衝擊的能力強，有助於彌補國際收支赤字，維持一國經濟穩定。過高的黃金儲備量會導致央行的持有成本增加，因為從長期來看，黃金儲備的收益率基本為零，而且在金本位制度解體以後，黃金儲備的重要性已大大降低。

　　但是從2007～2008年，美國雷曼兄弟次貸風暴引發的金融海嘯來看，即便當時美國債台高築，也並未拿出黃金儲備來還債。反而僅僅利用擁有的大量黃金儲備，作為理所當然

的信用保證，大量印製美鈔，來解決當時國家缺少資金流動性問題。

　　試想一下，歐元區中債務即將面臨違約的希臘，如果其黃金儲備不是只有112公噸，而是像美國一樣，擁有高達8133.5公噸的儲備量，相信就不會陷入像現在這樣的窘境。由此可知，黃金儲備極其重要。

◆ 黃金儲備有哪些實際作用？

1. 儲備多元化

　　在任何資產組合配置中，相信大家不會把雞蛋放在同一個籃子裡，都知道這是很不智的作法。儲備多元化通常比單一儲備，有更穩定的投資回報。

　　國家的儲備選項也是同樣道理，黃金是必選，金價雖然會波動，但儲備中的貨幣在匯率與利率上，同樣也會有波動。

2. 經濟保障

　　黃金儲備可作為一國的經濟保證，對穩定國家經濟，保持幣值穩定有積極作用。**黃金是一項獨特的資產，不受任何國家貨幣政策和財政直接影響。當國家發生通貨膨脹時，黃金不會貶值，不但不會存在風險，反而會是一種保障。**

3. 物質保障

　　過去許多國家實行外匯管制，更有甚者，凍結全部外匯

資產。這些措施往往對由外國證券構成的儲備，產生很大的影響。若儲備中有合理持有黃金，影響就會減弱。儲備的定義是以備急用，所以完全的流動性至關重要且無庸置疑，黃金恰恰具有該特性。

4. 扮演「戰爭基金」的角色

在緊急狀態下，各國都可能需要流動資源。**黃金的保值性使其具有流動性，每個國家都會接受黃金，可以當作抵押質借之用。**中國有句話叫「大炮一響，黃金萬兩」，足見黃金在國家戰略儲備的重要性，絕對不容忽視。

5. 作為各國實力的標誌

目前世界官方黃金總儲量為31,320.4公噸，約為世界黃金年產量的11.6倍。其中儲備量超過1,000噸以上的國家和組織，有美國、德國、法國、義大利、瑞士及IMF，上述國家中以美國儲備最多，達8,133.5噸。百噸以上的國家或地區有32個，不足10噸的有47個。

從上述數字來看，**實力強大的國家（尤其是發達先進國家）黃金儲備也多，足見黃金仍是各國綜合實力的標誌。**

6. 不易毀損，也不像紙幣一樣易貶值

一國政府若持有黃金會增長公眾信心。有些國家明確認可，黃金對本國貨幣具強而有力的支持作用。另外，黃金儲備也有利於提高清償能力。**各國官方的黃金儲備，主要作用是作為國際支付的準備金。一國的黃金儲備量，與其外債償**

付能力有密切關係。一國儲備中若有黃金，評級機構也會因其儲備量高，而給予較高的評級。

◆ 影響黃金價格的8大因素

黃金價格的變動，大部分是受到黃金本身供需、風險與避險關係的影響。因此，對投資者而言，應該盡可能了解任何影響黃金供給的因素，並留意市場動態，提早發現並有效預測黃金價格走勢的變化，達到明確的投資目的。

綜合我多年的實務經驗，歸納出下列影響黃金價格的因素，供大家參考：

1. 美元走勢

除了我們之前提到的，美元雖然不像黃金那樣穩定，但是它的流動性比黃金要好得多。因此市場上普遍將美元歸類為第一類的錢，黃金則是第二類。**當國際政局緊張、不明朗時，人們都會因預期金價會上漲，而購入黃金。但嚴格說來，更多人保留在手中的貨幣，其實是美元。**

例如，國家在戰亂時期需要從他國購買武器或者其他用品，也會拿手中的黃金來換取美元。簡單的說，**美元強黃金就弱；黃金強美元就弱。**

黃金本身雖然不是法定貨幣，但始終有其價值，不會貶值成廢鐵。若美元走勢強勁，美元升值機會大，人們自然會追逐美元。相反，當美元在外匯市場上愈弱時，黃金價格就

會因為保值效應而轉強。

2. 戰亂及政局動盪時期

在戰爭和政局動盪時期，經濟發展會收到很大的限制。任何當地的貨幣，都可能因為通貨膨脹而貶值，這時黃金的重要性就被凸顯了。黃金具有保值的特性，並為國際公認的交易媒介，因此在這種時期，人們會把目標投向黃金，因為搶購而造成金價快速上升。

但是就我的研究，這種情況也曾出現例外。比如在2000至2003年間，世界上出現許多政治動盪和零星戰亂，但金價卻沒有因此而上升。原因在於當時大家願意持有美金，捨棄黃金。所以，不要只是一味套用戰亂因素來預測金價，還要考慮其他影響因素。

3. 世界金融危機

當美國等西方大國的金融體系，出現不穩定的現象時，世界資金便會投向黃金，造成黃金需求增加，金價也跟著上漲，黃金在這時發揮了資金避難所的功能。**唯有在金融體系穩定的情況下，投資人士對黃金的信心會大打折扣，將黃金變現，造成金價下跌。**

4. 通貨膨脹

一個國家貨幣的購買能力，是基於物價指數而決定。當一國物價穩定，其貨幣的購買能力就愈穩定。相反地，通貨率愈高，貨幣的購買力就愈弱，這種貨幣就愈缺乏吸引力。

如果美國和世界主要地區的物價指數保持平穩，持有現金不會貶值，又有利息收入，必然成為投資者的首選。

然而，如果通漲劇烈，持有現金根本沒有保障，收取利息也趕不上物價暴升，人們就會採購黃金，因為此時**黃金的理論價格會隨通漲而上升**。西方主要國家的通漲愈高，以黃金保值的要求也就愈大，世界金價亦會愈高。其中，美國的通漲率最容易左右黃金變動。

5. 石油價格

黃金本身是通漲之下的保值品，與美國通漲形影不離。**石油價格上漲意味著通漲會隨之而來，金價也會隨之上漲。**

6. 利率

投資黃金不會獲得利息，投資獲利全憑價格上升程度。在利率偏低時，衡量之下，投資黃金會有一定的益處，但是利率升高時，收取利息會更加吸引人，無利息黃金的投資價值就會下降。既然黃金投資的機會成本較大，不如放在銀行收取利息，會更加穩定可靠。特別是**美國的利息升高時，美元會被大量吸納，金價勢必受挫。**

7. 經濟狀況

經濟好、人民收入增加且生活無憂，自然就會增強投資欲望，民間購買黃金進行保值或裝飾的能力，也會大為增加，金價就會得到一定的支撐。反之，民不聊生，經濟蕭條時期，人們連吃飯穿衣的基本保障都不能滿足，又哪會有投

資黃金的興致，金價自然會失去支撐而下跌。

8. 黃金本身供需問題

黃金價格基本上是基於市場的供需關係而出現變動。簡單來說，如果黃金產量過剩，金價上漲的動能自然會受到壓抑，甚至回落。如果出現礦工長時間罷工等原因，使產量停止增加，金價就會升值。

此外，應用新開採黃金技術、發現新礦，都會令黃金供給增加，表現在價格上，當然會使金價下跌。一個地方也可能出現投資黃金的風俗習慣，例如日本就出現黃金投資熱潮，需求大為增加，同時也導致價格節節攀升。

對於黃金走勢的基本分析，有許多方面值得考慮，上述這些影響，每個因素的主次地位不同，大家可以多多觀察學習。

賺匯差投資者必懂：6大因素，影響貨幣的升貶

　　這邊所講的關係是指美元（金）、黃金與石油（黑金）這幾個特定商品，同時期彼此在價格走勢上出現的差異。那關係有點像是「敵不動我不動，敵動我就跟著動」，彼此之間有某種程度的牽引關係。

　　例如當石油價格上漲，便有引發通貨膨脹的疑慮。因為石油屬於原物料類，一旦油價上漲，整個物價指數便會跟著蠢蠢欲動，緊接而來的就是通貨膨脹（就是用相同的錢，但是只能買到較少的物品）。

　　當所有的成本都增加了，具有保值效果的黃金在這時會受到青睞，於是大家會將錢轉成貴重金屬，以圖保值，金價就會跟著上漲。所以我們可以清楚知道，**油價與金價兩者的走勢為正向關係**。事實上，從圖7長期的價格走勢也可明確看出，兩者是正向關係。

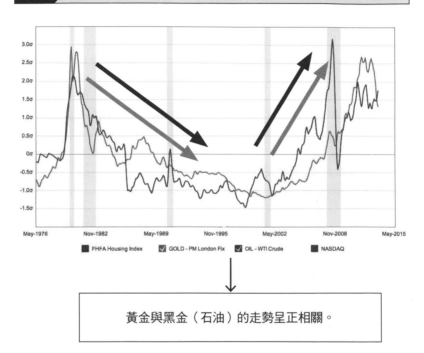

圖 7　1976～2013年，黃金與石油的走勢關係

FHFA Housing Index　☑ GOLD - PM London Fix　☑ OIL - WTI Crude　NASDAQ

黃金與黑金（石油）的走勢呈正相關。

　　一開始我們先確立了黃金與石油是正向關係，接下來再看看，美金與石油在價格走勢上會是怎樣的關係。

　　各位必須知道，基本上美金與黃金均為基準貨幣，彼此本來就存在替代關係，加上不管是黃金或是石油，又都是以美元計價，所以當美元對其他主要貨幣貶值時，產油國家會為了保護自身利益，調漲石油價格。

　　因此，美金貶值反而會成就石油價格上漲。但針對這一

點我必須特別說明，前提是市場上石油的供需處於需求大於供給，而且市場上沒有出現新的競爭對手，否則這種貶值美金成就石油價格的情況，會出現改變。

大家可以看到近期市場的需求下降，而美國又因為油頁岩開採技術的提升，搖身一變成為石油輸出國，整個石油輸出國組織（OPEC）在面臨新的競爭下，不但不敢提高價格，反而還提高產量，並且降價求售。

所以在分析美元與石油的價格走勢關係上，我們千萬不可以只是接收既有論述，卻不去了解整體市場上的供需狀況。永遠要記住，**在自由市場上，價格的制定必須建立在需求除以供給（需求÷供給＝價格）。**

另外，油價上漲會引發通膨。美國聯準會（FED）會為了抵抗通膨而採取升息，美元就會跟著升息腳步而上漲，但這並不代表油價與美元就是正相關。

美國經濟長期依賴石油和美元兩大支柱，美元的鑄幣權和美元在國際結算市場上的壟斷地位，掌握了美元定價權。又透過超強的軍事力量，將全球近70％石油資源及主要石油運輸通道，置於其直接影響和控制之下，從而控制全球石油供應，掌握石油的價格。

長期來說，當美元貶值時，石油價格上漲；而美元升值時，石油價格呈下降趨勢。

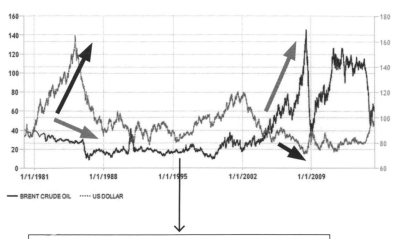

圖 8　1980～2015年，石油與美元的走勢關係

BRENT CRUDE OIL ⋯⋯ US DOLLAR

長期看來，石油和美元的走勢呈負相關，但還是必須考量市場供需狀況。

　　最後再強調一次，由於黃金的價格是以美元計價，因此受到美元直接影響，美元的升值或貶值，從購買力價值來看，將直接影響國際黃金供需變化，從而導致黃金價格改變。

　　如果美元升值，對於使用其他貨幣的投資者來說，黃金價格很自然地會變貴，這樣就抑制了他們的消費，需求減少則導致金價下跌。所以，黃金與美元呈現很大的負相關性。

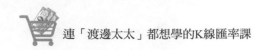

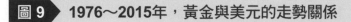

圖9 1976～2015年，黃金與美元的走勢關係

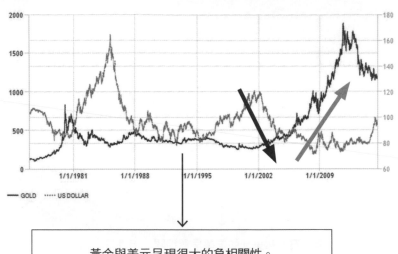

黃金與美元呈現很大的負相關性。

　　綜合以上，各位就應該知道，美國要調控美元的強弱，有很多可用的方法。世界上絕大多數與美國貿易往來的國家，都會有賺了美元就賠了匯差的問題。這也難怪崛起的中國會想方設法要成立亞投行，大搞人民幣外交。

　　這章節的最後，我們來談談在外匯市場上會影響貨幣升貶值的因素。

◆ 影響貨幣升貶的因素

因素一：政府政策

90年代，中國推出大量的廉價勞工，使得全球製造業成本大幅下降，也讓中國獲得「世界工廠」的稱號。這是影響全球深遠的一項政策，美元從此進入擴大銀根也不怕失去購買力的時代。

美國在金融海嘯過後，失業率一直居高不下，經濟陷入衰退，歐巴馬政府因此推動，在外國設廠的製造業回歸美國本土設廠，以提升就業率。之後美國經濟復甦，領先全球，美元開始受到全球青睞。

歐盟受金融海嘯的損害極大，造成歐盟部分成員國（歐豬五國）因為政府負債過重，爆發歐債危機。之後歐盟開始規範，重債國必須節省開支，以減輕債務重擔，歐元因此大幅貶值。

因素二：央行利率政策

央行利率政策對貨幣影響最直接且劇烈，當一國央行決定調升基準利率時，該國的貨幣通常會大幅升值。反之，當央行決定調降基準利率時，該國的貨幣通常會大幅貶值。

現在央行還有一種新的手法，叫作「量化寬鬆」，也就是央行投注資金到市場上購買國債，以大幅增加市場流動性，這手法會造成該貨幣大幅度貶值，可以說是一帖猛劑。想當然，副作用相當大，該國貨幣可能面臨信用問題。

美國與日本都實施了好幾次量化寬鬆，為什麼美元與日圓沒有面臨信用問題？這是因為美國與日本是全球前五大經濟體，不論經濟、科技、武力都讓人信服，拿著它們的鈔票，任何國家都有人會收。如果像辛巴威這樣的國家，量化寬鬆得再多，也沒有人要使用辛巴威幣，因為沒有信服力就沒有購買力。

因素三：經濟基本面

經濟基本面包含國家的貿易收支、GDP、失業率和通膨率等。**貿易收支對貨幣升貶影響很大：進口大於出口的國家，貨幣會貶值。反之，若出口大於進口，該國貨幣就會升值。**

GDP代表國家的生產與消費能力，通常數據好，貨幣就會升值，反之則貶值。失業率代表經濟活動量，假如失業率過高，消費力就會下滑，經濟勢必受到影響，該國貨幣就會貶值。通膨率代表物價穩定度與貨幣購買力的高低，**如果通膨太高，物價漲過頭，則該國貨幣就必須升值提升購買力。反之，通膨過低，物價跌過頭，就必須貶值以刺激消費力。**

因素四：國際炒作

國際基金的炒作也是影響貨幣升貶的因素，一旦大型基金聯合炒作時，貨幣的升貶幅度也不容小覷。最有名的例子就是索羅斯的量子基金狙擊英鎊，使英鎊無法維持歐洲匯率下限，而退出歐洲匯率體系，並調降利率。英鎊開始一路下

跌，索羅斯因此大舉獲利超過10億美元，並獲得國際巨鱷的
稱號。

因素五：天災、戰爭、金融海嘯

天災、戰爭與金融海嘯通常無預警，會使得國際市場瞬
間波動極大，外匯市場首當其衝。此時政局愈穩定的國家，
貨幣就會被當成避風港，例如美元、瑞郎或日圓，實體黃金
也是大多數投資人的避險首選。

因素六：心理因素

當前四個因素都與貨幣升貶背離時，**市場上的心理因素
就是最大元凶，包含預期心態與兌現心態。**例如，美元即將
在未來幾個月內升息時，就算美國利率很低，美元也會因為
投資者預期美元升息，而開始上漲。紐幣在2014年8月調升
利率結束之後，因為投資者的兌現心態，使紐幣轉為下跌。

以上六個影響因素其實環環相扣，必須經過個別分析，
再統合整理，才能精準判斷貨幣未來的趨勢。

04
只要順勢操作，
99%都能獲利

觀念——貨幣只有升值貶值，不會下市

華爾街有句名言：「失敗起因於資本不足和智慧不足。」意思是要懂得量力而為。獲利的關鍵一為技術，一為資金。運氣只是一時的，最重要的是要學會順勢操作，西瓜只能偎大邊。

金融市場（尤其是外匯市場）永遠是資金引導市場走向，所以只要看清事實（資本），並能掌握資金的流動方向（智慧），相對於股票市場，外匯市場更安全更簡單，且容易操作。

股票可能因為種種原因下市，可是貨幣不會（除非G20當中的哪個國家亡國了）。**貨幣永遠只有升貶值的問題，各主要貨幣都會在全球每次景氣循環中的不同時期，因為特定因素，出現升值或貶值。**

投資朋友們只要熟讀本書第3章，了解影響貨幣升貶值的因素，就能對貨幣的升貶值有一定的概念，剩下的就只是掌握當時資金的流動方向，再順勢操作即可。

图 **10** 美元不會下市，只會升值或貶值

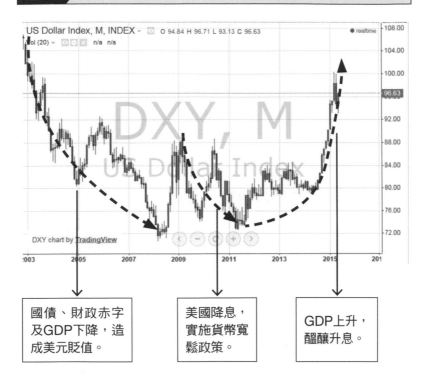

國債、財政赤字及GDP下降，造成美元貶值。

美國降息，實施貨幣寬鬆政策。

GDP上升，醞釀升息。

　　整體金融市場大致上可區分成：股市、房市、債市、匯市、商品及期貨市場。全世界的資金都同時在這些市場裡打轉，哪兒有利可圖，資金就會往那裡去，當中，外匯市場扮演著中繼站的角色。因此才會說，**只要掌握資金流動方向，就等於掌握了匯市。**

　　更進一步地說，**只要掌握資金流動方向，就等於掌握整**

體金融市場中，某個市場在特定時期的牛市或熊市。因此，我希望各位投資朋友們，一定要具備國際觀，哪個市場有機會，就應該在當時跟進，千萬不要一廂情願，只懂某個金融商品。

投資可以是一件既輕鬆又愉快的事情，只要有正確觀念，並充實自己在理財投資上的專業技能，就一定可以立於不敗之地。

◆ 兩個關鍵，決定外匯交易能否獲利

前不久有一個學技術分析的學生（券商的高級營業員）告訴我，他有一個客戶很奇特，買什麼股都賺，而且一賣掉，股價就開始跌。在好奇心驅使下，他開始進一步了解這個客戶，看看對方是不是有什麼過人之處。

經過一番初步了解，該客戶從事機車修理買賣，平時都待在店裡，沒有特別研究分析基本面和技術面。這個高級營業員覺得，這名客戶就跟一般客戶沒兩樣，並沒有特別之處，所以他認定只是單純運氣特別好罷了。

最近這個高級營業員復訓時告訴我，這名客戶前幾天慘賠出場，不想再操作股票了。問了原因才知道，原來他平常在店裡，只是收看盤中即時財經節目，然後就下單買股跑短線，當天或隔天賺了就賣，也不貪心。他覺得這錢比修理買賣機車還好賺。萬萬沒想到，這居然成了惡夢的開始，行情

好時當然沒問題，當大盤反轉時，就出問題了。

最後機車行店面變成別人的，自己現在是租房子的房客。我想說的重點是，這位客戶本身對金融市場的認識不夠，加上不懂技術分析，所以對市場的敏感度差。而且也沒有做好妥善的資金配置，後續在金援上，沒能足夠支撐一波股市的空頭。

事實上，像上述的這種真實例子，總是不斷在金融市場重複上演，我自己年輕時也是如此。差別只是，這客戶選擇退出市場，而我則是愈挫愈勇。

金融市場賺的就是「時機財」，如果你了解什麼是風險性市場、有哪些風險性市場的代表商品、什麼是避險性市場、有哪些避險性市場的代表商品等。再進一步，懂得利用技術分析掌握趨勢，最後衍生出來的結果，自然大不相同。

資金流入風險性市場時，要趁低買股票、投資房地產；當資金退出風險性市場時，要觀察避險性市場的商品價格走勢，確認是牛市的漲多回檔，或是熊市的正式到來。這個層面上的判定非常重要，只要判斷正確再配合實務操作，就會有極端不同的差別。

我拿圖11～圖13來比較，圖的出處都是來自鉅亨財經網，而且時間都一樣。

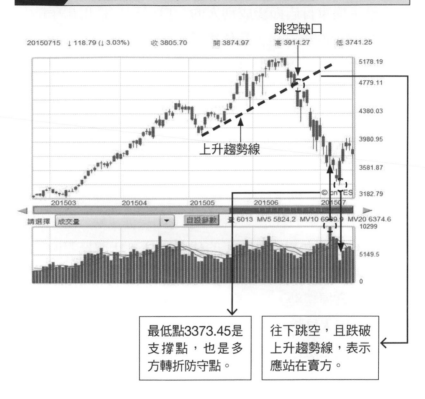

圖 11　上證指數：風險性市場的走勢判斷

跳空缺口

20150715 ↓118.79 (↓3.03%)　　收 3805.70　　開 3874.97　　高 3914.27　　低 3741.25

上升趨勢線

最低點3373.45是支撐點，也是多方轉折防守點。

往下跳空，且跌破上升趨勢線，表示應站在賣方。

　　圖11是上證綜合指數，代表風險性市場。先談簡單基本的技術分析判定，第一時間上證**往下跳空，跌破上升趨勢線，該站在賣方**。隨後的**反彈無法封補缺口，該站在賣方**。

價格下跌爆出大量，表示市場有另一批人在此接手，接著無量出長紅，表示市場籌碼趨於穩定。當日最低點3373.54，會是一個多方轉折防守點，只要這點不被跌破，後勢就會走升，而大量接手的當天高點3973.214，往上如被有效突破，就是多方攻擊訊號。

圖 12 ▶ 美國十年公債殖利率：避險性市場走勢判斷

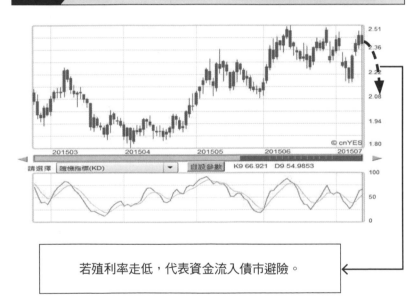

若殖利率走低，代表資金流入債市避險。

圖12是美國十年公債殖利率走勢圖，代表避險性市場。殖利率走低表示資金流入債市避險，反之，走升則表示資金流出債市。接下來就是要掌握資金流向。

圖 13 ▶ 黃金：風險性市場出現問題時的避風港

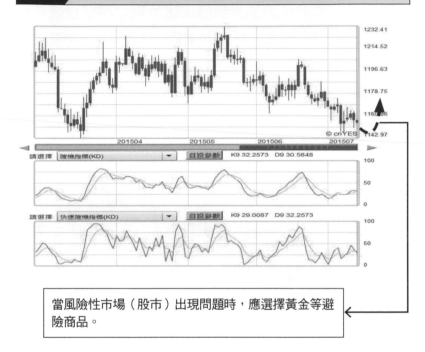

當風險性市場（股市）出現問題時，應選擇黃金等避險商品。

　　如同各位所見的圖13，當風險性市場（股市）出現問題時，資金便會尋找避風港，進入安全、保值的避險市場，例如公債或是黃金。

　　機車行老闆如果懂得技術分析，就會在股市往下跳空，跌破趨勢線的第一時間，選擇站在賣方，如此便不會盲目的選擇加碼攤平，死撐在買方。再者，他如果懂得綜觀整體金融市場，就會發現，資金早已出現往避險市場商品靠泊的現象。這時如果能以宏觀視野進行金融操作，就會避開股市，選擇做多黃金，或在外匯市場放空直接貨幣以獲利。

◆ 一技傍身，就算物價高漲也不怕

　　房價高漲，車子昂貴，物價一直上飆，每月薪水扣除固定開銷，即使再省吃儉用，又能存下多少錢？銀行給的利息抵銷得過物價上漲嗎？這裡不做任何批評，只是單純希望投資朋友們看清楚事實。

　　房價高時不買房，就得租房付租金。車子貴時不買車，就得坐大眾運輸工具付車票錢（一個月算下來也是不小的花費）。如果你不是賺得多，就只能無可奈何地當個月光族。

　　如果你不是無感，懂得未雨綢繆，我願分享多年來的實務經驗，讓我來教你如何貪。

心態——既要會貪，也要會守

　　開宗明義地談，會進金融市場淘金，在某個層面上一定是因為「貪」，否則乾脆找一份工作賺錢就好。但是，要懂得不無限上綱變成「貪婪」。「恐」能讓你提高警覺、保持戒心，並沒有什麼不好，但是如果變成「恐懼」，就永遠沒有賺大錢的機會。光有見識而無膽量的人，在金融市場賺不到大錢，充其量只能頻繁進出，跑跑短線。

　　看到賺錢機會的時候就要貪，當這個機會條件已經不存在時就該收手，唯有懂得守住已經到手的財富，才是市場上真正的贏家。

　　這裡我來打個比方：金融市場就像是一個大水庫，裡面到處都是錢，有機會就伸出手抓它一把。當錢都往股票市場流時，股市經過錢的灌溉，就會由樹苗長成大樹，只要不停澆水灌溉，樹就會愈長愈高，直到水分供應不到樹梢，這棵大樹才會停止長高。

　　美國道瓊指數在2009年3月，獲得了105,610,638天的水量，從此這棵樹苗從指數6,469.95，一直成長茁壯到現在的18,351.36，整整長高了11,881.4（將近2倍）。

圖 **14**　道瓊指數成長月線圖

指數從6,469.95一路攀升至18,351.36，整整成長將近2倍。

　　近期外資藉由媒體釋放利空訊息，狙擊大陸股市，短短11個交易日，上證指數跌掉了1,330點（跌幅超過25％），大陸政府頻頻表態，祭出股市利多政策。一時間這個機會條件尚且存在，但是退去的水量也要能快速補回來，甚至比之前更大才行。

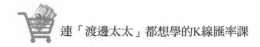

　　畢竟市場總是殘酷無情，眼明手快是必然的生存之道，在沒看到拉回量縮，止跌放量走升前，都應該先觀望，因為賠了錢，政府可不會補給你。所以，各位一定要記住，既要會貪，也要會守。

圖 15 受利空訊息影響的上證綜合指數走勢圖

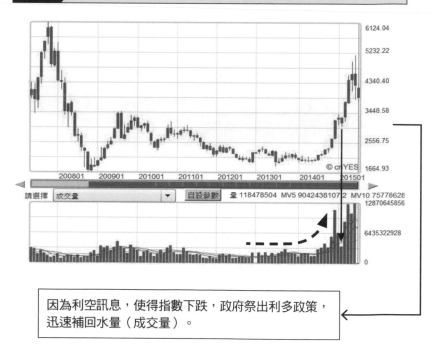

因為利空訊息，使得指數下跌，政府祭出利多政策，迅速補回水量（成交量）。

　　之前我曾經提到，對整體金融市場而言，外匯市場就像是個中繼站。每當條件機會改變，錢的流動方向就開始改

變。**身為中繼站的角色，每個市場都會在不同時期出現條件機會**，這反而會讓外匯市場增加更多波動機會，而在不同屬性的貨幣上，也會產生升值或貶值的操作機會。這也是為什麼我會傾向操作外匯的原因。

◆ 不能克服「萬一」，損失一定超過「一萬」

許多投資朋友都有「一朝被蛇咬，十年怕草繩」的陰影情結。在我教授技術分析及實務操作的課程中，學生們最經常問的就是：「老師，萬一……，如何……」，因為大家都有過，走勢與預期背道而馳的虧損經驗。

這問題看起來好像不是挺重要，但一旦這層陰影深植心中，除非日後你從某種技術分析或是交易程式重拾信心，否則這個「萬一」，將是你在金融市場操作上最大的障礙。

如果不能克服這個「萬一」，後續損失的一定超過「一萬」；反之，要是克服了，就能賺進無數個「一萬」。

想抓一隻雞，總得先賒一把米。我是先看到這隻雞夠肥，才願意冒賒把米的風險來抓牠。外匯市場如何評估「機會」與「風險」？如果看不到獲利機會，又怎會願意冒虧損的風險。重點是，你要真得看懂「獲利機會」。

內行人懂得看門道，外行人只會看熱鬧。市場上隨處可見，光注意媒體消息，或參加投資群組活動才被煽動的投資人，總是汲汲營營於市場，尋覓有利可圖的商品和賺錢機

會。我可以很肯定的說,絕大多數的人最後一定是虧損收場,因為他們沒有真正看懂市場,真正有賺到的,絕對是好運的少數。

不想虧損就要懂得做好風險控管。事實上,如果你真的是外行,又怎麼懂得控管風險呢。最後當然是見到黃河,心也就知道大勢已去。在外匯市場要向會賺錢的人學經驗,先了解市場狀況,再學習一套上乘武功吧。

◆ 只有順勢進攻,才能站在贏家這邊

我常常講,**懂得「順勢進攻」才不會變成「進貢」**。「慧根」足夠的人一點就通(就「會跟」),不足的人徒增困擾,解不開理還亂,對盤勢的看法永遠是忽多忽空。

心態上不要急著想賺錢,不要盲目地在看不清勢頭的情況下就進場。一定要看清盤勢才進場,且進場後絕對不能三心兩意,拿捏不定操作策略。

外匯市場的金錢戰爭,多方與空方的角力不斷重複著,只要把自己看成是那個綜觀全局的第三方勢力,我們就永遠能站在贏的這一邊。

實務——透過技術分析，抓到漲跌轉折點

　　一般來說，外匯市場是整體外匯參與者每天共同交易的結果，行情走勢任誰也無法百分之百說得準。但是市場上總有人喜歡預測，價格上漲滿足（或下跌滿足）會到什麼價位，如果最後對了，就變成不得了的大師級人物。

　　問題是，預測與實務操作根本就是兩件事，大師級人物中，有95％不會在自己預測的價位進場操作。為什麼？因為市場老鳥都知道，買早不如買巧。萬一低點不是最低，那直接面對的就是虧損，而且有可能因為過度自信，造成加碼攤平，虧損會瞬間放大。

　　但是，**一波的跌幅（或漲幅）滿足，肯定是利多，因為你已經發現並掌握到下跌趨勢即將結束，行情近期就會出現反轉走升。**此時結合分析走勢與實務操作，只差最後一步「等待確認」。只有買得巧又賣得好的，才會是市場贏家。

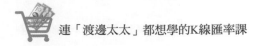
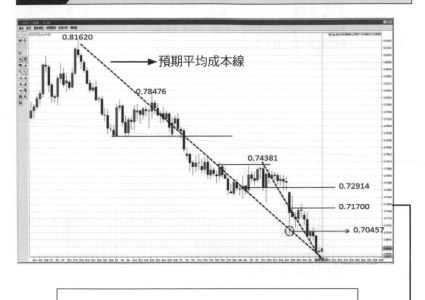

圖 16 AUDUSD日線走勢圖

跌幅滿足近尾聲，反彈站穩0.70457，轉折確認。

　　圖16是AUDUSD日線走勢圖，由高走低向下的黑色虛線，即是個人技術分析中的預期平均成本線，目前價格剛好來到此波下跌預期的滿足點位置。後續只要確認價格，在底部出現一定強度的支撐走升，這時就是絕佳的進場時機點，並且可以賺取整個波段的升值利潤。

◆ 操作外匯得抓住轉折點

坊間技術分析的相關書籍，絕大多數都在講「轉折」。「山窮水盡疑無路，柳暗花明又一村」，在所謂的行情術語中，有一種「超漲或超跌」，是指指標已經鈍化下的大漲或大跌行情走勢，也就是大家琅琅上口的「空方不死，多方不止」，以及「多方不死，空方不止」。

誠如我常說的，每天的外匯市場，就是多方與空方彼此較勁勢力的市場（我們是第三方勢力，而且永遠只站在贏的一方），每當波段趨勢即將反轉時，往往會出現趕盡殺絕的走勢，然後趨勢反轉，這時「轉折」就出現了。

轉折點就是由高走低的最高點（或是由低走高的最低點），若每次都能買在最低、賣在最高，就表示錢賺不完了！所以才說「金融市場所有財富，都藏在轉折裡」。

不管你是喜歡做大波段獲利，或是懂得利用槓桿的小額投資族，都一定要了解轉折。各位可以透過本書第8章自創技術分析了解。提醒各位：「師父領進門，修行還是在個人。」賺錢絕對是件很快樂的事，但是旁門左道、巧取豪奪就不必了，當知「君子愛財，取之有道」。

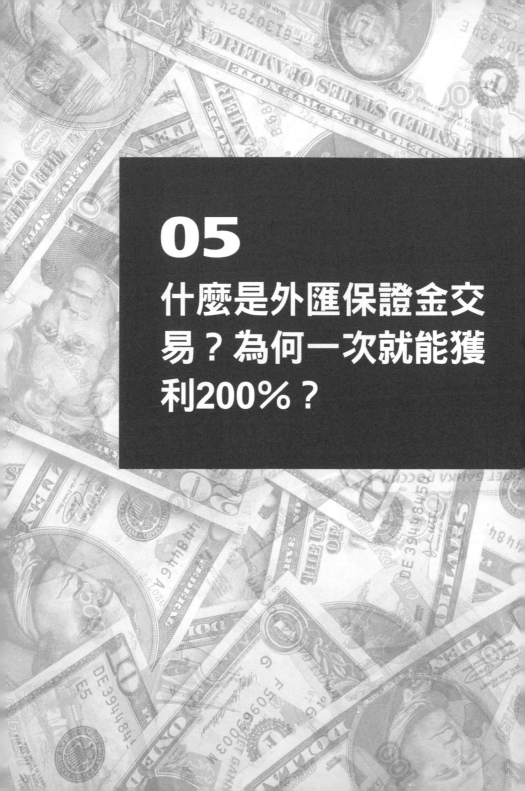

05
什麼是外匯保證金交易？為何一次就能獲利200％？

外匯保證金就是，用少少錢玩大大的獲利

外匯保證金交易（Foreign exchange margin trading）是指投資者用自有資金作擔保，將銀行或經紀商提供的融資放大，來進行外匯交易。

外匯保證金交易最初產生於20世紀80年代的倫敦，投資者以銀行或經紀商提供的信託，進行外匯交易。它充分利用槓桿投資原理，在金融機構之間及金融機構與投資者之間，建立了一種遠期外匯買賣方式。**投資者只需支付一定保證金，就可以進行100％契約額度的交易，使得擁有少額資金的投資者，也能到金融市場上進行外匯交易。**

按照英、美等國家的水平來看，一般的融資比例維持在50～100倍以上。換言之，如果融資比例為100倍，那麼投資者只需要支付1％左右的保證金，就能夠進行外匯交易，也就是投資者只需要支付1,000（100,000×1％）美元，就能進行100,000美元契約的外匯交易。

舉例說明，若你進行外匯保證金交易時，保證金比例為1％、契約為100,000美元，而你預期歐元將上漲，準備實際投入資金則為10,000萬美元（契約為100,000美元，保證金

1％，所以是1,000美元，投入資金10,000美元是保證金的10倍，等於可以買入合約價值為100萬美元的歐元）。

　　若歐元兌美元的匯率上漲10％，就能夠獲利10萬美元（100萬×上漲10％），實際的收益率可達到100％；但是如果歐元下跌了1％，那麼你投入的本金將全部虧光。（註：一般來說當投資者的損失超過一定額度後〔即帳面價值低於保證金〕，交易商就有權強制平倉。）

◆ 外匯保證金交易的特點

　　除了與期貨交易一樣也實行保證金制度外，外匯保證金交易還有不同於其他交易的特點。

1. **外匯保證金交易的市場是無形、不固定的，在客戶與銀行之間直接進行，沒有像交易所這樣的中介機構。**
2. **外匯保證金交易沒有到期日，交易者可以無限期持有頭寸。**
3. **外匯保證金交易市場規模巨大，參與者很多。**
4. **外匯保證金交易的幣種豐富，所有可兌換貨幣都可作為交易品種。**
5. **外匯保證金交易時間24小時不間斷。**
6. **外匯保證金交易要計算各種貨幣之間的利率差，金融機構會要求客戶支付或從客戶本金中扣除。**

◆ 外匯保證金交易的優勢

外匯保證金會吸引如此多人和機構參與，因為有以下優點：

1. 全天24小時交易

從週一到週五，每天24小時連續交易，便於隨時進出，避免隔日跳空帶來的風險。即使日內遇定期發布的消息，也會有跳空出現，但可以透過預設單或空倉來迴避。

2. 全球性市場

外匯市場的參與者，有各國的大小銀行、中央銀行、金融機構、進出口貿易商、企業投資部門、基金公司和個人，根據「國際貨幣基金會」統計，每日全球成交量達幾萬億美元，遠遠超過股市交易量。

3. 交易品種少

外匯市場交易集中在7大國家或地區，所組成的6個幣種，即歐元／美元、英鎊／美元、澳元／美元、美元／日圓、美元／瑞士法郎和美元／加幣。

4. 風險可靈活控制

因為外匯市場的日平均波幅在1％左右，經紀商提供的槓桿比例通常為100倍，**日平均風險收益在1％～100％**，自己就可靈活掌握風險高低。

5. 雙向交易，操作靈活

可先買後賣，亦可先賣後買，且買賣幣種不限（這是與

實盤重要的區別），當然也是T+0，日內可反覆做短線。

6. 高槓桿比例

高槓桿便於靈活建立倉位，但同時也是一把雙刃劍。

7. 交易費用低

外匯保證金交易無佣金，銀行或經紀商的收入源於點差（同一時刻買入和賣出的價差），點差一般為3～5點（除美元和日圓1點為0.01外，其他幣種1點為0.0001，也就是萬分之一）。另外，隔夜持倉如持有高息貨幣，可享有利息；如持有低息貨幣，則須支付利息。

◆ 外匯保證金交易的風險來源

儘管外匯保證金交易，因自身諸多優點而吸引許多人樂此不疲，但在從事該種交易（尤其對目前的國內投資者而言）時，也會面臨諸多風險。

1. 槓桿性

由於保證金交易是槓桿交易，參與者只需支付很小比例的保證金。**外匯價格的正常波動都被放大幾倍甚至幾十倍，因此從事保證金交易在獲取高收益的同時，也面臨高風險。**在外匯市場能長期賺錢的人往往是少數，賠錢的才是多數，部分參與者甚至落得血本無歸。

2. 缺乏監管

由於外匯市場是全球統一的市場，結構鬆散，沒有固定

的交易場所，市場監管者對外匯保證金交易監控，有一定的難度。目前，國內投資者只能透過國外經紀商（包括其國內代理商）進行外匯保證金交易，並需要將資金匯到國外，需特別重視資金安全性。因此，對於平台的篩選及其所受的國家監管，投資朋友們有必要進一步了解。

慎選交易平台與券商，以免賺了匯差賠了本金

常見的各國監管單位及查詢網站：

● 英國金融行為監管局 FCA http://www.fca.org.uk/

● 美國全國期貨協會 NFA http://www.nfa.futures.org/

● 澳大利亞證券投資委員會 ASIC http://asic.gov.au/

● 紐西蘭金融服務供應商 FSP http://www.business.govt. nz/sp/

● 賽普勒斯證券交易委員會 Cysec http://www.cysec.gov. cy/default_en.aspx

● 香港證監會 SFC http://www.sfc.hk/web/EN/index.html

● 日本金融廳 FSA http://www.fsa.go.jp/

● 瑞士金融市場監督管理局 FINMA http://www.finma.ch/ e/Pages/default.aspx

　　投資朋友們可以在開戶入金前，先進入以上官網，並自行查詢平台（券商），是否有相關國家金融主管機關的註冊及監管，以確保自身權益。以下以英國的券商平台舉例說明。

5 什麼是外匯保證金交易？為何一次就能獲利200％？

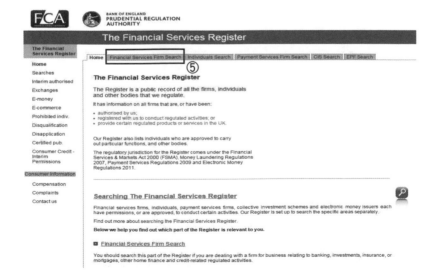

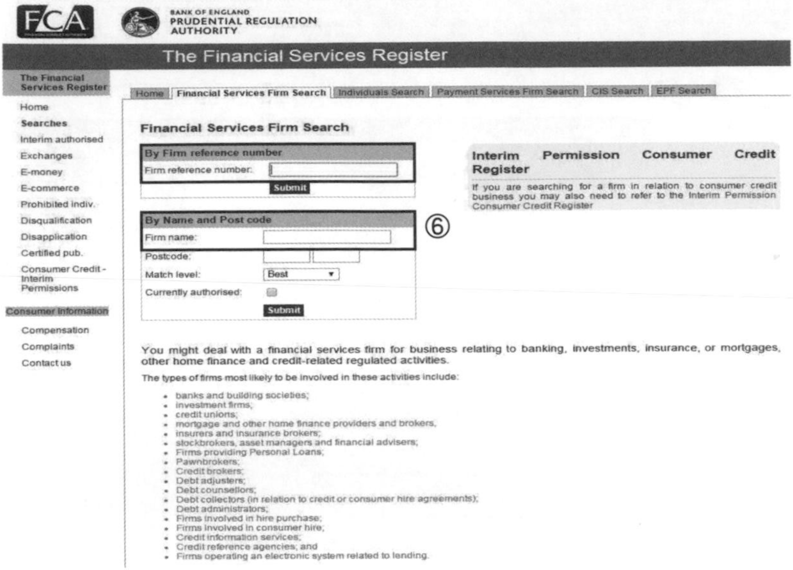
BANK OF ENGLAND
PRUDENTIAL REGULATION AUTHORITY
The Financial Services Register
The Financial Services Register
Home
Searches
Interim authorised
Exchanges
E-money
E-commerce
Prohibited indiv.
Disqualification
Disapplication
Certified pub.
Consumer Credit - Interim Permissions
Consumer Information
Compensation
Complaints
Contact us
Home | Financial Services Firm Search | Individuals Search | Payment Services Firm Search | CIS Search | EPF Search
Financial Services Firm Search
By Firm reference number
Firm reference number:
Submit
By Name and Post code
Firm name:
Postcode:
Match level: Best
Currently authorised:
Submit
⑥
Interim Permission Consumer Credit Register
If you are searching for a firm in relation to consumer credit business you may also need to refer to the Interim Permission Consumer Credit Register
You might deal with a financial services firm for business relating to banking, investments, insurance, or mortgages, other home finance and credit-related regulated activities.
The types of firms most likely to be involved in these activities include:
banks and building societies;
investment firms;
credit unions;
mortgage and other home finance providers and brokers;
insurers and insurance brokers;
stockbrokers, asset managers and financial advisers;
Firms providing Personal Loans;
Pawnbrokers;
Credit brokers;
Debt adjusters;
Debt counsellors;
Debt collectors (in relation to credit or consumer hire agreements);
Debt administrators;
Firms involved in hire purchase;
Firms involved in consumer hire;
Credit information services;
Credit reference agencies; and
Firms operating an electronic system related to lending.

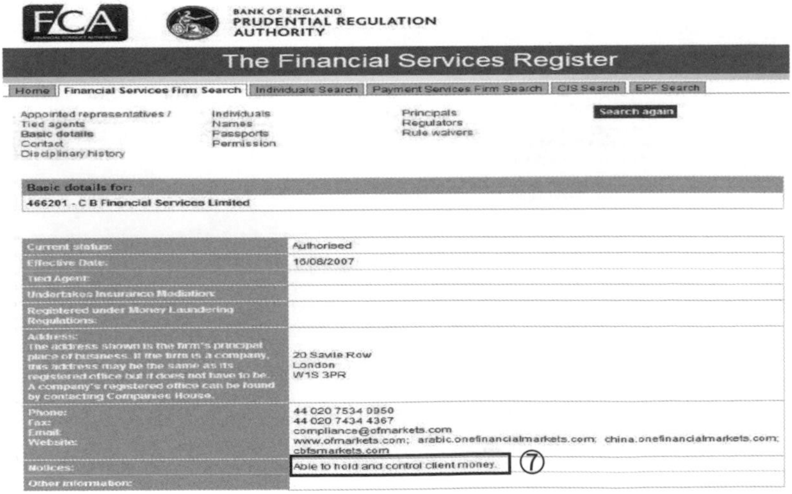
BANK OF ENGLAND
PRUDENTIAL REGULATION AUTHORITY
The Financial Services Register
Home | Financial Services Firm Search | Individuals Search | Payment Services Firm Search | CIS Search | EPF Search
Appointed representatives / Tied agents
Basic details
Contact
Disciplinary history
Individuals
Names
Passports
Permission
Principals
Regulators
Rule waivers
Search again
Basic details for:
466201 - C B Financial Services Limited
Current status: Authorised
Effective Date: 16/08/2007
Tied Agent:
Undertakes Insurance Mediation:
Registered under Money Laundering Regulations:
Address:
The address shown is the firm's principal place of business. If the firm is a company, this address may be the same as its registered office but it does not have to be. A company's registered office can be found by contacting Companies House.
20 Savile Row
London
W1S 3PR
Phone: 44 020 7534 0950
Fax: 44 020 7434 4367
Email: compliance@ofmarkets.com
Website: www.ofmarkets.com; arabic.onefinancialmarkets.com; china.onefinancialmarkets.com; cbfsmarkets.com
Notices: Able to hold and control client money.
⑦
Other information:

① 進入英國金融服務管理局FSA的官網 http://www.fsa.
gov.uk/。

② 進入查詢頁面，點選 The FSA Register。

③ 點選 Find out which area of our Register you should
search。

④ 進入頁面後，點選 search our Register。

⑤ 點選 Financial Service Firm Search。

⑥ 將平台商（券商）編號或是名稱（任選其一）輸入
後按Submit（註：每家受合格受監管的券商都會主動
提出自己的編號及券商的註冊名稱）。

⑦ 如果是合格受監管的平台商（券商），將會出現該
頁面。重點在於框框標示的內容：Able to hold and
control client money，意思就是許可持有並管理客戶
資金。

◆ 利用WHOIS來查詢騙子公司

WHOIS是用來管理功能變數名稱的一個機制，申請每
個功能變數名稱時，申請人都必須留下基本資料，這些基本
資料便會在網路上留下紀錄，我們可以利用這個紀錄，查詢
網站的真偽。

可以經由WHOIS查詢申請人姓名、信箱、聯絡住址等
資料，辨識是否與網站內的敘述相同。

 連「渡邊太太」都想學的K線匯率課

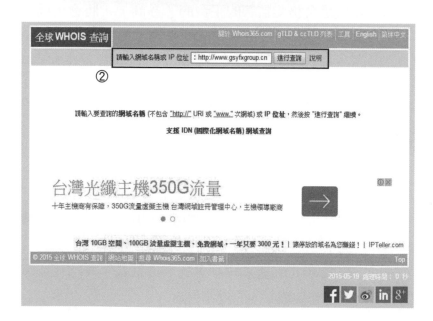

① 首先在Google上搜尋Who is，然後點選全球WHO IS 查詢。

② 在「請輸入網域名稱或IP位址」處打上欲查詢的平台（券商）網址，例如：http://www.gsyfxgroup.cn。

③ 由此可看出全球WHO IS查詢gsyfxgroup.cn的結果為「不能註冊」，表示這家公司是不可靠的騙子公司。

圖解step by step外匯保證金操作，並且算給你看

　　保證金交易實際上是一種更有彈性的交易方式，它提供靈活的交易工具。如果交易者控制得好，這些工具就成為保證金交易的優點，能大大發揮資金效率，提高盈利率；反之，就會成為缺點，造成大虧損。以下介紹外匯保證金的市場概況及優缺點。

1. 主要貨幣符號

貨幣	美元	日圓	英鎊	歐元	瑞士法郎	加幣	澳元	紐西蘭元
符號	USD	JPY	GBP	EUR	CHF	CAD	AUD	NZD

2. 合約單位

　　外匯保證金交易的合約單位，跟股票交易相似，都是以某數目作為一個單位（手／口）來進行交易。

類別	ISO 代號	報價	最低價格變動	合約金額
日圓	JPY	美元／日圓	0.01	100,000美元
加幣	CAD	美元／加幣	0.0001	100,000美元
瑞郎	CHF	美元／瑞郎	0.0001	100,000美元
英鎊	GBP	英鎊／美元	0.0001	100,000英鎊
澳元	AUD	澳元／美元	0.0001	100,000澳元
歐元	EUR	歐元／美元	0.0001	100,000歐元

註：美元／日圓的價格變動之所以是0.01，那是因為美元／日圓的匯率對價，至少有2～3位數是在小數點之前的關係。例如，EUR／USD 0.9003、USD／JPY111.80。

3. 匯率顯示

匯率顯示在國際市場，是以五位數字顯示，如下：

歐元	EUR 0.9003
日圓	JPY 111.80
澳元	AUD 0.5280

匯率的最小變化為最後的一個數字（一點），也就是：歐元EUR0.0001、日圓JPY 0.01、澳元AUD 0.0001。

以貨幣兌換關係分類，可分為：直接貨幣——歐元EUR、英磅GBP、澳元AUD、紐西蘭元NZD等。間接貨幣——日圓JPY111.80、瑞士法郎CHF1.6006等。

直接貨幣是指貨幣直接兌換美元，例如AUDUSD0.5280，即1澳元兌0.5280美元。間接貨幣則是1美元兌換多少間接貨幣，例如USDJPY111.80，即1美元兌111.80日圓。USDCHF1.6006，即1美元兌1.6006瑞士法郎。

交叉貨幣是指非美元的兩個貨幣，彼此透過與美元對應所產生的關係，例如EURJPY134.418，即1歐元兌134.418日圓。

4. 報價

外匯保證金以採購價（Dealing Rate）來交易，由銀行或經紀商自行（同時）訂出買入和賣出的價位，讓客戶自行決定買賣方向。

5. 計算盈虧

計算盈虧就是計算買入和賣出點差的價值，例如歐元買入時為0.8946，賣出時為0.8956，點差就是10點。要計算每一點的價值，可以先區分是直接貨幣或是間接貨幣。**直接貨幣的特性在於，匯率怎樣波動，都不會影響每一點的價值。**

一手十萬元的EUR歐元，不論匯率怎樣波動，每一點的價值都是10美元，以美元USD0.8942為例。計算方式如下：

> （最少的變化單位／匯率）×合約單位×手數
> ＝每一點的價值

（0.0001／0.8942）×100,000×1＝11.183 EUR

我們把11.183 EUR×匯率（0.8942），就知道每一點的價值約等於10美元。如果歐元匯率漲至0.9000，每一點的價值就會變成（0.0001／0.9000）×100,000×1＝11.11EUR。

我們把11.183EUR×匯率（0.9000），就知道也是等於10美元。總而言之，只是十萬元一手，所有直接貨幣每一點的價值都是10美元。

間接貨幣每一點的價值，會因應匯率波動而變化。計算方式跟直接貨幣相似，不同處在於合約單位是以美元為基礎。以日圓JPY130.46為例，計算公式如下：

> （最少的變化單位／匯率）×合約單位×手數
> ＝每一點的美元價值

（0.01／130.46）×100,000×1＝7.7美元

如果日圓的匯率漲至132.60，每一點的價格又會不會是7.7美元呢？答案是不會。日圓和所有間接貨幣，每一點的價格會因應匯率波動而變化。

（0.01／132.60）×100,000×1＝7.54美元

補充一下，有些銀行或經紀商，計算間接貨幣的合約不一定會以美元為單位。例如，日圓可能以12,500,000日圓為一手。

目前在任何平台的交易系統中，客戶持有每手貨幣的盈虧狀況，會隨市場變動顯示。無須自行計算盈虧，詳情可自行利用平台提供的模擬帳戶進一步了解。以下舉例說明外匯保證金的操作方式：

〔案例1〕

假設王先生與錢先生皆買進歐元兌美元100萬，買進價位在0,7400，賣出價位在0,7600，不過王先生的操作方式為實盤交易，本金需要1,000,000歐元，而錢先生採用槓桿保證金交易，本金只需10,000歐元（假設保證金比例為1％），則他們的獲利分別是多少？

〔解答〕

王先生：1,000,000×（0.7600-0.7400）÷1,000,000=2％

錢先生：1,000,000×（0.7600-0.7400）÷10,000=200％

〔**案例2**〕

假設案例1的王先生與錢先生皆買進歐元兌美元100萬，買進價位為0.7600，賣出價位為0.7400，他們的分別損失多少？

〔**解答**〕

王先生：1,000,000×（0.7400-0.7600）÷1,000,000
        =-2％

錢先生：1,000,000×（0.7500-0.600）÷10,000＝-100％
        （本金10,000歐元，虧損到100％時會被強制
        平倉。）

由上面這兩個例子可發現，採用保證金交易操作，更可以發揮槓桿作用，而且最大損失金額，最多也只是保證金，保證金交易會使投資變得更靈活。

◆ 外匯保證金交易的優缺點

優點

1. 點差低

一般外匯交易商提供的點差為3～12點，其中，主要貨幣的點差為3～5點。而且不會根據資金量而變化，與實盤交易相比要低很多。

2. 提供槓桿

保證金交易由於使用保證金機制，資金可運用槓桿模式操作。一般的槓桿比率有：20：1、50：1、100：1、200：1、250：1、300：1和400：1。這樣一來，便大大提高資金使用效率。

3. 雙向操作

保證金交易不僅可以買多貨幣（若覺得交易品種會漲，則先買入，後平倉而獲利），也可以放空貨幣（看交易品種要跌，則先賣出，後平倉而獲利）。

4.盈利空間大

雖然英鎊一年的波幅才10％～20％，但在保證金交易提供的槓桿作用下，英鎊的波幅相當於被放大了20～400倍，盈利空間也大大增加。

缺點

1. 保護機制不完善

國內政府目前不保護國外外匯保證金交易，不過外匯交易商炒匯入門所在國家或地區，有他們的監管及保護政策，因此仍會獲得保護。

2. 有暴倉風險

由於保證金交易機制（槓桿作用），如果交易者沒有控制好倉位，進行的交易量相對帳戶資金過大，就會出現暴倉情形。當然，只要控制好倉位，就能避免這種現象。

06

認識K線，入門者
一定要修練的3堂課

K線基本功，
看懂了你就成功一半

圖 17　K線的基本資料（當日分時走勢江波圖）

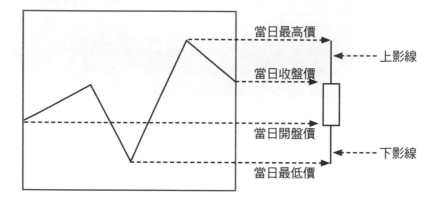

當日最高價　── 上影線
當日收盤價
當日開盤價
當日最低價　── 下影線

　　K線又叫陰陽線，發源於日本米市，用以記錄市場當日，買賣雙方的交易過程，交易者可藉由價格走勢的變化，判斷後市行情發展方向。

　　一根K線主要包括四項基本資料：開盤價、最高價、最低價及收盤價。開盤價及收盤價之間構成K線的方形圖格，方格若為紅色，表示當日收盤價高於開盤價，當日價格為

走漲的狀況（稱為收紅），顯示買方推升價格力道較強。反之，方格若以黑色表示，即收盤價低於開盤價，為當日價格走低的狀況（稱為收黑），表示賣方力道較強。

紅色或黑色的方格部分為K線實體，實體向下延伸的線，代表當日交易過程中，出現低於開／收盤價位的低價至最低價，稱為下影線。它是買方將價格由低處向上推升的痕跡（價格沒有收在最低，代表買方勢力強於賣方），**下影線具有買方力道支撐的意思**。同理，往上方延伸，顯示盤中高於開／收盤價位的高價至最高價位，稱為**上影線，具賣方力道壓力之意**。

K線並不僅用於日價格上，時間間隔可以任意選擇（分、時、日、週、月、年均可）它們分別以當日／週／月的第一筆交易及最後一筆交易，作成開盤價及收盤價，並配合當日／週／月的最高價及最低價，而作成K線。運用期間愈長，得到的組合及形態變化就愈多。使用者更能透徹觀察市場上的真實變化。

◆ 透過K線，了解多空雙方交戰程度

K線高低價差區間的大小及收線狀況，代表當時多空雙方攻城掠地的過程（軌跡），可提供投資人了解，當時價格前進（後退）多少，與交戰激烈程度等資訊。

陽線→價格上漲

大陽線	開最低收最高價，氣勢如虹，漲勢強烈，市場出現大變動。
大陽下影	盤中走低，收盤收最高價。下影愈長除代表漲勢強外，低檔支撐亦強。
大陽鎚	盤中殺低後，買盤出現價格突破當日開盤價，且最終收紅。市場出現極大變動，最終雖多方勝出，但盤中出現極大賣方變化，宜多留意K線位階及隔日狀況。
陽線上影	開盤最低，盤中價格一路走高，最後因遭遇賣方壓力而壓回，收盤時收紅。逢高獲利賣出，短線漲勢受阻。上影愈長或實體愈小，代表當日（短線）賣方力道愈強。
陽線反鎚	開盤一路走高，盤中出現反差變化，殺回後收紅。長上影的賣壓訊號，比K線實體紅或黑更具意義。宜多留意K線位階及隔日狀況。
電阻陽線	上沖下洗後收紅，多方稍強仍站主導，若上影線較長則須謹慎。

陰線→價格下跌

大陰線	開高收最低價，空方氣勢強烈，市場出現大變動。
大陰下影	開高殺低盤中反彈後收黑，跌後反彈若有支撐，後勢可漲。
陰鎚線	盤中跌深後反彈收高，K線位階在高檔為差，低檔則佳。
大陰上影	盤中反彈再殺收最低，空方勢如破竹。
大陰反鎚	盤中反彈再殺收最低，空方主導。若位階在低，宜留意止跌。
電阻陰線	方向不定，空方稍強。

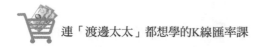

字線→開收同價

十字線 ┼ ┼ ┼	開收盤相同價位，多空勢均力敵。僅先以上、下影線作為短線多、空的約略強、弱度參考。
T字線 ⊤	多方有利現轉機。
倒T字線 ⊥	空方有利，多方要小心。
一字線 一	開收一價到底，飆漲或狂跌。如市場有漲跌停限制，表示多或空一方獲壓倒性勝利。若缺乏流動性，代表後勢不確定。

第二堂課
進階版K線，
幫你提高投資勝率

通常在一根K線上，僅能看出交易結束當時多、空勢力的強弱，投資人在抉擇進場的時、機、點掌握上，頂多只能在「點」（點位）上做極短線運用。對於醞釀或形成趨勢，和直接反映操作面盈虧的「機率」上，明顯掌握不足。

組合K線是市場一段特定時間內，連續交易的多、空變化軌跡，對於提升「勝率」及「高投報率」，有絕對的參考價值。在介紹更多K線組合之前，我們先釐清兩個觀念。

所謂的趨勢反轉是指，行進中的趨勢可能發生變化，但不一定出現所謂反轉的相反走勢，亦可能出現接近水平的橫向運動。

另外，如果在上升趨勢高或相對高的位置出現反轉K線，由於中期趨勢仍為多頭，所以在操作面上應先獲利了結，而不是立刻跟著建立空頭部位。

情境則應先釐清，上升／下跌趨勢、K線位階、後勢是否出現延續性發展，最好能配合當時的成交量，進一步確立反轉與否。

關鍵組合K線

	圖形	情境狀態與後勢判定
鎚子與吊人	吊人 鎚子	K線實體紅黑不拘，愈小愈好，下影則愈長愈好，最好長過實體2倍以上，且不帶上影線。 上升或下跌趨勢出現此種K線時，可視為徵兆，宜留意後勢即將出現的變化。 後勢是否反轉，需視下一根K線是否延續出現大漲或大跌的狀況。
吞噬	多空吞噬　空方吞噬	前後兩根線顏色相反，且第二根線實體部分，需完全吞噬之前一根相反顏色K線實體，上下影線部分參考意義不大，但影線不宜過長。
烏雲罩頂		第二天開盤價高過前日紅K線上影的部分，收盤價穿過前日紅K實體一半以上（愈深入愈好）。 此黑K線若於隔日反而出現長紅K線，且收盤價高過黑K線當日最高價，表示將延續之前的漲勢。
雲開見日		空方無法守新低，潛在買盤力道促使當日紅K線，往上貫穿前日黑K線實體一半以上（愈深入愈好）。 此紅K線若於隔日反而出現長黑K線，且收盤價低過紅K當日最低價，表示跌勢將延續。

母子孕育	多頭母子　　空頭母子	長K線之前趨勢要明顯，之後出現的短K線，其實體及上下影線被完全包涵在前長K線之內，且兩根線的顏色最好相反。 　　短K線若為十字稱為母子星，代表市場不確定性強，反轉意味更濃，若第三根K線延續前短K線走勢，即可確立反轉趨勢。
內困	內困三日翻紅與翻黑	由空頭母子組合，變成內困三日翻紅。反轉後勢行情可期。 　　上升趨勢的空頭母子，則變成內困三日翻黑。
倒鎚	倒狀底鎚　　（流星）倒狀頭鎚	長K線之前趨勢要明顯，底／頭部鎚線多有探底／摸頭的徵兆，需由第三根延續K線確認。 　　一般後續走勢均會做回測。鎚線上影最好大過實體二倍以上，下影要小或最好不要有。
晨星與夜星	晨星　　夜星	第一根長K線前的趨勢明確，第二根短K線實體小或為小十字星線，且與前長K線之間，出現跳空缺口尤佳，K線顏色不重要。第三根長K線與第二根小K線，需出現缺口且顏色需與第一根長K線相反。

雙烏躍空		上升趨勢出現長紅，隔日跳空開高走低收小黑，第三天開高走低，收盤價吞噬前小黑最低點，兩根黑K線與第一根長紅K線間存在跳空缺口。 若第三日黑K線收盤低點直接封閉缺口，並侵入第一根長紅實體一半以上，稱為黑雙煞，其反轉力道強過雙烏躍空。
三烏日		上升趨勢出現第一根開高走低長黑K線，僅先以漲勢受阻看待。然而，緊接著兩天出現開平走低的狀況，則表示賣壓相對程度出現恐慌。尤其若隔日開平走低，表示市場缺乏買盤，易造成市場續跌，會持續直到下跌趨勢中，出現買盤止跌的反轉組合K線為止。
有鳳來儀		下跌趨勢連續收長黑K線（高不過前高，低破前低），第三日早盤出現跳空開低，而當日盤中出現買盤，促使價格走高，不但回補當日缺口，甚至侵入前日長黑實體一半，收盤線為黑且帶長上影。第四日雖為長黑，當日為開高走低破新低價，完全吞噬前日K線。 就線來看，空方仍占主導，但由於連續兩日盤中都透露出買盤進場，所以空方須留意後勢發展。

多頭搶灘		下降趨勢出現長黑，隔日開高走高未能過前高，隨即震盪走低，破前低後又拉升，收盤線雖為黑但價收漲。 第三天開低未再破低震盪，後收紅，收盤價約與前日同。第四日若開平（高）走高，即為反轉確立。
大敵當前		上升趨勢出現長紅，隔日開低走高，盤中創新高後拉回收長上影小紅實體K，第三天同樣開低走高，盤中創新高後，拉回收長上影小紅實體K，且實體部分愈來愈小。 **這突顯出盤勢力道無法堅守高價，宜留意後續變化。**若第四日開低（平）走低，則趨勢反轉機率大增，多方應先獲利了結。
步步為營		上升趨勢收長紅，隔日開低走高再收長紅新高價，多方氣勢如虹，於第三日出現跳空開高，並走高收小實體K線（實體顏色紅、黑不拘）。 第三日的跳空開收小K，第三日仍開小高，當日雖收黑，但價格波動的實體開、收盤收線狀況，若為收長黑（最好有往下跳空缺口），則組合K線形成夜星，趨勢反轉明確。

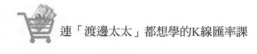

止跌三星		下降趨勢收黑帶長下影，表示潛在買盤已開始認同下跌後的價格。**第二日隨即開小高盤，引起空方棄守回補，線最後雖收黑，重點在前低未破且收下影。** 第三日仍開小高，當日雖收黑，但價格波動的實體已愈來愈小，且收盤價又再次高於前日低點。空頭真正開始擔憂，趨勢隨時會因空方籌碼鬆動而出現反轉。
紅三兵		下降趨勢出現開低（破底）走高收長紅，隔日開低走高收長紅（低未破昨低，高越過昨高），第三日同為開低走高收長紅（低未破昨低，高越過昨高）。三根結構紮實長紅K線如打木樁，趨勢反轉行情可期。
歸巢①		下降趨勢出長黑，隔日開高走低收小黑。先前趨勢的強度已出現緩和變化，隔日的小黑收腳具止跌味道。空方不宜追跌加空，多方則須等待隔日確認。
歸巢②		下降趨勢出長黑，隔日開高走低收小黑。除了強調先前趨勢的強度已出現緩和變化外，此處對於隔日收盤價與前日長黑相同，其所代表的底部具明確支撐性，底部已悄悄成形。

延續組合K線

圖形	情境狀態與後勢判定
上肩帶缺口	上升趨勢出長紅K線，隔日跳空往上收紅K線，第三日隨即出現開低走低的黑線。其開盤價或最高價均未超過前日跳空紅棒實體，收盤價雖低過前日跳空紅棒低點，但未能完封缺口。 　　第三日的黑線由於缺口未封，因此視為暫時獲利回吐，屬於技術性的壓回修正或調整，原趨勢並未受到改變，後勢仍依之前趨勢發展。
下肩帶缺口	下降趨勢收長黑，隔日往下跳空收黑，第三日隨即出現開平（高）走高的紅K線，其開盤價或最低價均未低過前日跳空黑棒實體。收盤價雖高過前日跳空黑棒高點，但未能完封缺口。 　　第三日的紅線由於缺口未封，因此視為空方暫時獲利回補，屬於技術性壓回修正或調整，原趨勢並未受到改變，後勢仍依之前趨勢發展。

換手	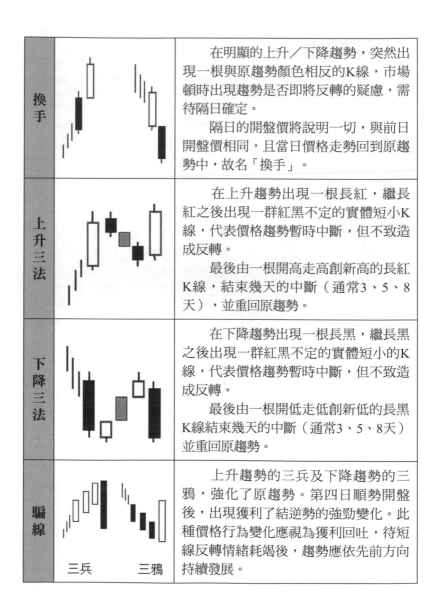	在明顯的上升／下降趨勢，突然出現一根與原趨勢顏色相反的K線，市場頓時出現趨勢是否即將反轉的疑慮，需待隔日確定。 　　隔日的開盤價將說明一切，與前日開盤價相同，且當日價格走勢回到原趨勢中，故名「換手」。
上升三法		在上升趨勢出現一根長紅，繼長紅之後出現一群紅黑不定的實體短小K線，代表價格趨勢暫時中斷，但不致造成反轉。 　　最後由一根開高走高創新高的長紅K線，結束幾天的中斷（通常3、5、8天），並重回原趨勢。
下降三法		在下降趨勢出現一根長黑，繼長黑之後出現一群紅黑不定的實體短小的K線，代表價格趨勢暫時中斷，但不致造成反轉。 　　最後由一根開低走低創新低的長黑K線結束幾天的中斷（通常3、5、8天）並重回原趨勢。
騙線	三兵　　　三鴉	上升趨勢的三兵及下降趨勢的三鴉，強化了原趨勢。第四日順勢開盤後，出現獲利了結逆勢的強勁變化。此種價格行為變化應視為獲利回吐，待短線反轉情緒耗竭後，趨勢應依先前方向持續發展。

（第三堂課）

高階版K線，
教你抓到漲跌趨勢

趨勢以外的另一種趨勢，通常是指一段時間內，交易價格處在一個價差區間，來回震盪的走勢。此段時間行情並無明顯（確）的趨勢方向，處於盤整待變的狀況。

因此，K線在此段期間及價差高低空間內，形成所謂的整理形態。形態可分為兩種：中繼整理形態和趨勢反轉形態，以下將詳細介紹。

◆ ①三角形態

三角形態的3種變化

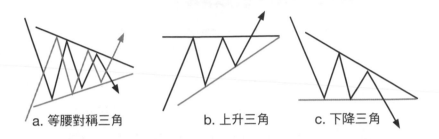

a. 等腰對稱三角　　　　　b. 上升三角　　　　　c. 下降三角

　　三角形態是最常見的整理形態，價格經過一段時間的震盪整理，最後在末端結束收斂，準備表態進一步方向。可能成為反轉形態，也可能是延續先前趨勢的連續形態。結果實證，高達3／4為連續形態，因此大多直接將之視為連續形態。總之，**三角形態具有「整理」的意涵，通常都會持續原有的趨勢，但在特殊因素下，也會出現反轉。**

　　三角形態是由一連串價格波動所構成，如圖18所示，可分為等腰對稱三角（圖a）、上升三角（圖b）及下降三角（圖c），後兩者皆為直角三角形。

等腰對稱三角

形態說明：

開始時價格波動較大，隨著每一次短期回升，價格波峰的高度會遞減，且都較上次低。同時，新的短期回落價格低點，也都較上次高，形成兩條收斂趨勢線的等腰三角形狀（圖18a），價格最後會往未來的方向收斂。

等腰三角形態的價格大幅波動，顯示市場對股價趨勢的看法存在巨大差異。這也是**三角形態可能是連續形態或反轉形態的重要原因，因為市場還沒決定價格最終的趨勢方向。**

實際應用：

對稱三角的「最少升幅」量度，是從往上突破時，形態的第一個上升高點開始，畫一條和底部平行的直線，可以預期至少上升到此線才會遇上阻力，並將以形態開始之前同樣的角度上升。此量度方法可以估計最少升幅的價格水平和所需的完成時間，量度最少跌幅也是一樣。

注意事項：

等腰對稱三角若呈向上突破，一定要搭配大成交量（量增）及長紅K棒。若往下跌破，就必須要有低成交量才可信。

若對稱三角向下跌破時伴隨極大成交量，則可能是假跌破訊號，行情於尖端跌破後，可能僅下跌一、兩個交易日，隨後便迅即回升，開始真正的上漲行情。

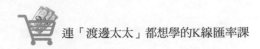
圖 19　等腰對稱三角形態走勢

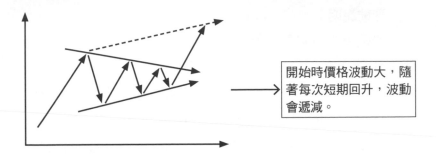

開始時價格波動大，隨著每次短期回升，波動會遞減。

圖 20　等腰三角形態行情研判

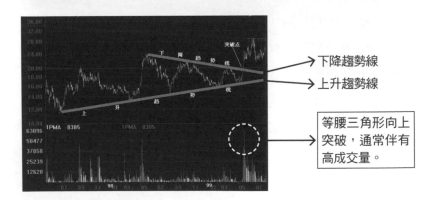

下降趨勢線

上升趨勢線

等腰三角形向上突破，通常伴有高成交量。

上升三角

形態說明：

上升三角由底部形成上升趨勢線（一底比一底高），且峰部形成水平趨勢線（如圖18b），通常成交量在上升部分會較大，下跌部分則較小。

上升三角形成的時間多在價格趨勢走揚時，當價格漲幅達一定水準時，先前買進者在特定目標價位獲利了結，因此短線來看，當價格遇到某特定價位時便出現壓力。

向上趨勢使得底部價格不斷墊高，因此形成一條向上方傾斜的需求線（Demand Line）。此時出貨的一方看好後勢而不願殺低，使得壓力線得為水平，最後在不斷上下震盪後換手成功，買方順利將籌碼吸收。此時才發動下一波攻勢，價格突破水平壓力線，而開始另一波上漲。

實際應用：

通常上升三角是暗示整理形態結束，價格向上突破的信號。向上突破上升三角頂部水平的供給阻力時（伴隨成交量激增），就是一個短期買入信號。

其最少升幅的量度方法和對稱三角相同，從第一個短期回升高點開始，畫出一條和底部平行的線，突破形態後，將以形態開始前的速度上升到這條線，甚至超越。

圖 21 　上升三角形態走勢

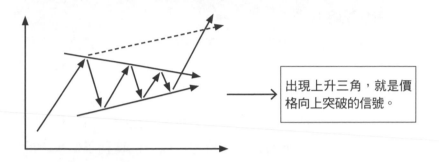

出現上升三角，就是價格向上突破的信號。

圖 22 　上升三角形態行情研判

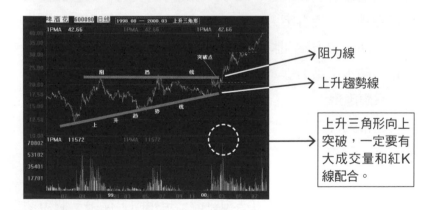

阻力線

上升趨勢線

上升三角形向上突破，一定要有大成交量和紅K線配合。

注意事項：

　　當價格向上突破走升的過程如果遇到壓回，必須配合量縮或日K棒波動區間變小，代表籌碼穩定後勢仍在多方。

下降三角

形態說明：

下降三角的形成與上升三角相反。某特定水平出現穩定的購買力，每當價格回落至該水平，便出現反彈回升（托價出貨），形成一條水平的需求線。但賣方壓力不斷增強，每次波動的高點都較前次低，形成一條由上往下傾斜的供給線（圖18c）。

成交量在完成整個形態的過程中，一直十分低迷。下降三角在多空交戰，不斷換手後，整個價格趨勢維持向下，顯示空方不斷占優勢。最後多方失去信心，股價跌破水平需求線，價格開始持續另一波下跌趨勢。

實際應用：

一般下降三角透露，整理形態結束後價格具有往下跌破傾向。當後續買方實力耗盡，賣方（先前底部買進的買方，如今轉成逢高獲利賣出的空方壓力）的力量最終支撐擊破水平的需求線，此時便是短期賣出訊號。估計最少跌幅的測量方法，和上升三角相同。

圖 23 下降三角形態走勢

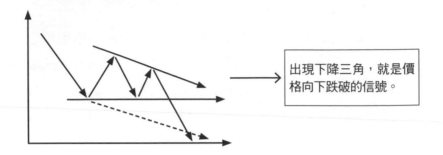

出現下降三角，就是價格向下跌破的信號。

注意事項：

（1）下降三角往下跌破時，不必伴隨大成交量，一般在跌破後數天，成交量才會增加。如果形態往上衝破阻力，就必須用成交量作有效確認。

（2）切記，有時價格向下跌破後，會出現假性反彈回升。其回升滿足點，將會受阻於當初下降三角底線的水平需求線之下。

（3）和其他三角形形態一樣，下降三角愈早突破，出錯的機會就愈低。愈接近三角形尖端，跌出形態外的預測，有效程度會降低。

| 圖 24 | 下降三角形態行情研判 |

出現下降三角形，代表此時便是短期賣出信號。

最後提醒：

多數狀況下，等腰三角在完成之後，價格趨勢會朝原先的方向進行。而直角三角的趨勢方向，通常朝斜邊方向進行。三角形態發生突破的時機，通常在頂點間的1／2至3／4的範圍，如果超過了3／4，顯示市場仍對價格猶豫不決。

◆ ②旗形形態

　　一般而言，旗形代表趨勢進行途中的有秩序換手，也就是一種獲利回吐的賣壓出現。因此，該過程的進行時間不會超過數週，快則數日便可完成。此為**價格急速、大幅波動後出現的小區間密集整理形態。**

　　該整理形態出現於，一個走勢快速推進達某一程度後，走勢力量一定會耗竭。如要持續發展，勢必重新將信念一致的投資人集結，才有力量再往前推進。

　　如果這個重新集結的過程不順，趨勢將有反轉可能，若集結順利，則為整理形態。基本上，在一個交易的密集區間，伴隨成交量萎縮的形態，都具有整理功能。旗形或三角旗形是常見的整理形態，也相當可靠。

　　旗形完成後，股價將朝原來的趨勢方向移動，接下來通常會進行一段與先前幅度相近的趨勢。成交量在旗形形成過程中，會顯著漸次遞減。旗形走勢可分成上升旗形和下降旗形，以下將詳細介紹。

上升旗形

形態說明：

上升旗形是股價經過陡峭飆升後，形成緊密、狹窄和稍微向下傾斜的價格密集區域，把該區域的高點和低點分別連接，可畫出兩條平行且下傾的直線，就是上升旗形。

實際應用：

上升旗形大部分在牛市第三期出現，有漲勢可能進入尾聲階段的暗示。

下降旗形

形態說明：

下降旗形剛好相反，股價急速或垂直下跌，形成狹窄、波動緊密，稍微上傾的價格密集區域，像一條上升通道。

實際應用：

下降旗形大多在熊市第一期出現，該形態顯示價格可能垂直下跌。因此，這階段中形成的旗形十分細小，可能在三、四個交易日內就完成。如果在熊市第三期中出現，旗形形成的時間需要較長，且跌破後的下跌有限。

旗形可量度出最少升／跌幅，突破旗形（上升和下降旗形相同）後最少升／跌幅度，相等整支旗桿的長度。旗桿的長度是由形成旗桿的突破點開始，直到旗形的頂點為止。

圖 25　上升旗形V.S.下降旗形形態走勢

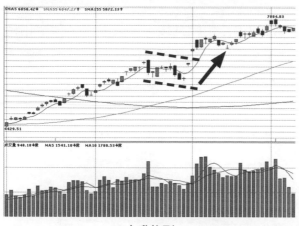

上升旗形

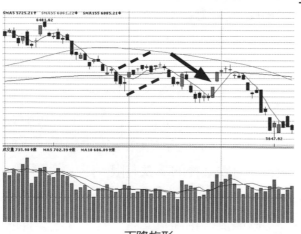

下降旗形

旗形通常出現在急速上升或下跌之後。

注意事項：

（1）此形態是在急速上升或下跌後出現，成交量在形成期間會不斷顯著減少。

（2）上升旗形往上突破時，必須搭配成交量激增；下降旗形向下跌破時，成交量也會大量增加。

（3）**若價格趨勢形成旗形，但成交量不規則，或很多又非漸次減少時，下一步將是很快的反轉，而不是整理。**也就是上升旗形會往下突破，而下降旗形則向上升破。旗形形態可能出現逆轉。**成交量的變化在旗形走勢中十分重要，是觀察和判斷形態真偽的唯一方法。**

（4）價格應在4週內向預定方向突破，超出3週時，就應該特別留意它的變化。

◆ ③楔形形態

　　楔形是股價介於兩條收斂直線中的變動，類似三角形態，也是發生在價格整理中常見的形態。當價格出現上下小幅波動整理，楔形波峰／谷連接所形成的趨勢線呈收斂（這點與三角形態相同），但與三角形態不同的是，其收斂的趨勢線是呈現相同（向上或向下）傾斜的走勢。

　　與三角形整理形態一樣，成交量變化愈趨向尖端，愈呈遞減。楔形可區分為上升楔形（Rising Wedge）和下降楔形（Falling Wedge）。

上升楔形

形態說明：

上升楔形常發生在空頭走勢的反彈波，為技術面轉弱的表徵。並無明顯的上檔壓力必須突破，但價格走勢卻像是被局限住，買方雖然極欲掙脫空頭走勢，但力道卻不足以有效突破上方趨勢線，形成想突圍卻又陷入區間中的情況。因此，當價格一旦跌破下方趨勢線，便易快速再展開既有的空頭趨勢。

上升楔形除了發生在下降趨勢外，也經常發生在漲勢的末端，而成為頭部，之後便發生快速下跌走勢。上升楔形的起漲點附近，通常就是反轉急跌後第一個跌幅的滿足點。

一般說來，如果上升三角形只有一邊上傾，代表多頭趨勢，如果兩邊上傾，其多頭趨勢應該更濃，但實際上並非如此。因為上升三角形的頂線，代表股價在一定價格才賣出，當供給被吸收後（上升界線代表吸收），上檔壓力解除，股價便會往上跳。

在上升楔形中，價格上升，賣出壓力亦不大，但投資人的興趣卻逐漸減少。價格雖上揚，但每一個新的上升波動都比前一個弱，最後當需求完全消失時，價格便反轉下跌。

實際應用：

上升楔形代表技術性價格漸次減弱的情況。再次強調，

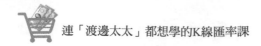

上升楔形是一個整理形態，常在跌勢的回升階段出現。上升
楔形顯示尚未跌至見底，只是一次跌後技術性的反彈而已，
當跌破下檔趨勢線之後，就是出場訊號。上升楔形的下跌幅
度，至少比新上升價格還要跌更多，因為下跌趨勢尚未見
底。

圖 26 下跌趨勢中的上升楔形走勢

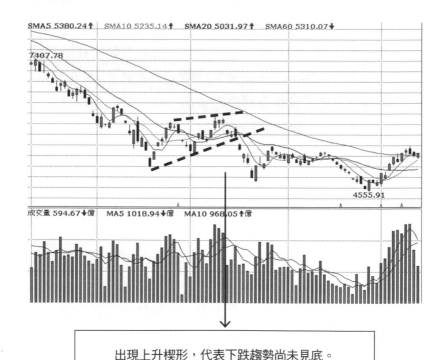

出現上升楔形，代表下跌趨勢尚未見底。

下降楔形

形態說明：

下降楔形大致與上升楔形相反，但下降楔形在價格發生突破後，不會像上升楔形一樣出現快速變化，反而多半會形成圓形底形態，價格呈現緩步上升。也就是當股價上升一段時間後，出現獲利回吐。

雖然下降楔形的底線往下傾斜，似乎說明市場承接力量不強，但新的回落浪較上一個回落浪波幅小，說明賣方力量正在減弱。加上成交量在此階段減少，證明市場因惜售（捨不得賣出）而出現賣壓減弱。

實際應用：

下降楔形也是個整理形態，通常在中、長期漲勢回檔調整階段中出現。下降楔形的出現預告漲勢尚未見頂，僅是漲升後的正常調整現象。**一般來說，形態大多為向上突破，當突破上限阻力時，就是買進訊號。**

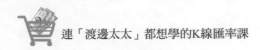

圖 27　上升趨勢中的下降及上升楔形走勢

出現下降楔形時，則代表漲勢尚未見頂。

注意事項：

（1）**楔形（無論上升或下降楔形）上下兩條線必須明顯地收斂於一點，如果形態太過寬鬆，就該懷疑形成的可能性。**一般來說，完成楔形需要兩個星期以上的時間。

（2）雖然跌勢中出現的上升楔形大部分以往下跌破居多，若是出現價格往上升破，且伴隨成交量明顯增加時，形態則可能出現變異，發展成一段上漲走勢。這時應該改變原來偏淡的看法，因為價格可能會沿著新的上升軌道，開始一段新的上升走勢。同樣地，若下降楔形不升反跌，跌破下限支撐，形態可能變成一下降軌道，對於後市的看法，應隨趨勢變化立刻修正。

（3）上升楔形上下兩條線收斂於一點，股價在形態內移動，最終會跌破。股價理想的跌破點是由第一個低點開始，直到上升楔形尖端，之間距離的2／3處。有時股價會一直移動到楔形尖端，出了尖端後還稍上升，然後才大幅下跌。

（4）上升楔形在跌破下限支持後，經常會出現急跌，但下降楔形往上突破阻力後，可能會橫向發展，形成徘徊狀態或圓狀（指一段時間下，K線圍成一團的狀態）。成交仍然十分低沉，然後才慢慢開始上升，當遇到此情形，可待股價打破徘徊悶局後，才考慮跟進。

◆ ④頭肩形態

頭肩頂

形態說明：

一個完整的頭肩頂形態，可分為以下三個部分：

1. 左肩：

價格在經過一段時間持續上漲後，隨著成交量放大，市場出現獲利回吐現象，然後開始短期性的回檔。這段期間的成交量能，會較之前上升到頂點時的量能顯著減少。

2. 頭部：

上升趨勢價格經過短暫回檔後，之前錯過行情的投資人，會在此次調整期間買進，再次推動價格走升，成交量也隨之增加。不過，成交量的最高點，較之前左肩部分明顯減退。價格升破上次高點，那些對前景沒有信心，和錯過上次高點獲利回吐，或是在回檔低點買進作短線投機的人，都紛紛賣出，於是迫使行情再一次回檔，成交量在這回落期間也會減少。

3. 右肩：

行情下跌到接近上次的回檔低點處，獲得買盤支持，使價格再次走升。但隨著市場投資情緒明顯減弱，成交量較左肩和頭部大幅減少，價格無法抵達頭部高點便告回落，於是形成右肩部分。

如果把兩次短期回落的低點用直線連接起來，便可以畫出形態的頸線，只要跌破頸線，形態便正式形成。簡單來說，頭肩頂的形狀呈現三個明顯高峰，其中，位於中間的一個高峰較其他兩個的高點略高，成交量則出現階梯型的下降。

圖 28　頭肩頂形態走勢

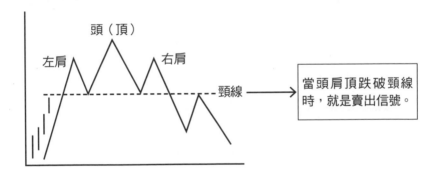

頭（頂）

左肩　　　　右肩

頸線

當頭肩頂跌破頸線時，就是賣出信號。

實際應用：

從技術面看頭肩頂形態走勢，可以清楚觀察多空雙方激烈競爭的情況。行情在升跌之間，隨著價格無力再創波段新高，買方最後完全棄守，賣方完全控制市場。

買方在未買進前，手中握有資金，是多方未來前進上漲的力量。當買進之後，手中資金變成股票，自然轉換成為未來賣方的力量。

（1）這是一個長期性趨勢的「轉向形態」，通常會在牛市的盡頭出現。

（2）**當最近一個高點的成交量較前一個高點低時，就暗示頭肩頂出現的可能性。當第三次回升價格無法升抵上次高點，且成交繼續下降，有經驗的投資者就會把握機會賣出。**

（3）當頭肩頂頸線跌破時，就是真正的賣出信號，雖然價格和最高點比較，已回落了相當幅度，但跌勢只是剛開始，未出貨的投資者應繼續賣出。

（4）當頸線跌破後，可根據該形態的最少跌幅量度方法，預測價格會跌至哪一水平。量度方法是從頭部的最高點，畫一條垂直線到頸線，然後在完成右肩突破頸線的一點開始，向下量出同樣的長度，由此量出的價格，就是未來即將下跌的最小幅度。

注意事項：

（1）一般來說，左肩和右肩的高點大致相等，但右肩大多會較左肩低。如果右肩的高點較頭部還高，則形態便不能成立。

（2）如果頸線向下傾斜，顯示市場非常疲乏無力。

（3）成交量方面，左肩最大，頭部次之，而右肩最少。不過根據統計，大約有1／3的頭肩頂，左肩成交量較頭部為多，有1／3是兩者成交量大致相等，其餘1／3則是頭部的成交大於左肩。

（4）當頸線跌破時，成交量不必增加也該予以信賴。若成交量在跌破時激增，顯示市場的拋售力量十分龐大，反而會在成交量增加的情況下，出現加速下跌。

（5）跌破頸線後可能會出現暫時性的回升「後抽」，此情形通常會在跌破低成交量時出現。不過，暫時回升應該不超越頸線水平。

（6）頭肩頂是殺傷力十分強大的形態，通常跌幅大於量度出來的最少跌幅。

（7）假如價格最後在頸線水平回升，而且高於頭部，或是價格跌破頸線後，回升高於頸線，可能就是一個失敗的頭肩頂。

頭肩底

形態說明：

頭肩底的形狀就是倒轉整個頭肩頂形態，不過成交量在各部位有不同變化，可分為以下三個部分：

1. 左肩：

下跌過程中成交量顯著增加，在左肩最低點回升時，則有減少傾向。接著又再下跌，且跌破上次的最低點，成交量再次隨著下跌而增加，較左肩反彈階段大。

2. 頭部：

從頭部最低點回升時，成交量有可能增加。整個頭部的成交量較大。

3. 右肩：

當行情回升到上次反彈高點時，出現第三次回落，這時的成交量明顯少於左肩和頭部。價格到跌至左肩水平後，跌勢便會穩定。

最後，正式策動一次升勢。伴隨成交量大量增加，當頸線阻力被衝破，成交量更顯著上升，整個形態便得以成立。

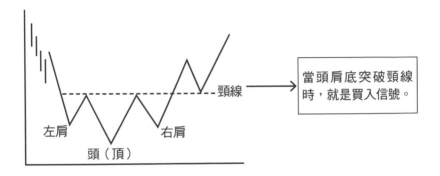

圖 **29** 頭肩底形態走勢

指示信號：

（1）這是一個轉向形態，通常在熊市底部出現。

（2）當頭肩底頸線突破時，就是真正的買入信號，雖然和最低點比較，價格已上升一定幅度，但升勢只是剛開始，投資者應該站在買方。

（3）其最少幅度的量度方法，是從頭部最低點畫一條垂直線，相交於頸線，然後在右肩突破頸線的一點開始，向上量度出同樣高度，量出的幅度，就是價格將會上升的最小幅度。

實際應用：

和頭肩頂相同，頭肩底告訴我們，過去的長期趨勢已遭到扭轉。行情一再下跌，第二次的低點（頭部）雖然較先前的一個低點還低，但很快便掉頭彈升。接下來的一次下跌，

未低破上次的低點水平，便已獲得支持而回升，反映出看好的力量正逐步改變市場過去向淡（不看好）的形勢。

　　當兩次反彈的高點阻力 （頸線）打破後，顯示看好的一方已完全把對方擊倒，買方代替賣方，完全控制整個市場。

　　注意事項 ：

　　（1）頭肩頂和頭肩底的主要區別，在於成交量。

　　（2）當頸線阻力突破時，必須搭配成交量激增，否則這可能是一個錯誤突破。不過，如果在突破後成交逐漸增加，形態也可確認。

　　（3）一般來說，頭肩底型較為平坦，因此形成需要較長時間。

　　（4）升破頸線後可能出現暫時性回跌，但回跌不應低於頸線。如果回跌低於頸線，或是在頸線水平回落，沒法突破頸線阻力，且還跌低於頭部，則可能是個失敗的頭肩底形態。

　　（5）頭肩底是極具預測威力的形態之一，一旦獲得確認，升幅大多會多於其最少升幅。

◆ ⑤M頭（雙重頂）與 W底（雙重底）

M頭

形態說明：

價格經過一段時期的漲勢後出現波段高點，在回檔後再次走升（無論是否突破前高），然而，後勢卻因為失去上漲動力，致使價格迅速下跌，形成雙頂，也就是M頭。該形態形成後，價格會出現深跌走勢，下跌幅度至少是兩頂間的邊線到頸線，為垂直距離的兩倍。

指示信號：

（1）該形態處在高位，前期上漲的幅度愈大，後市下跌的幅度會愈深，高位賣出者，不擔心踏空。如果M頭出現在低位，則千萬不能按頭部反轉信號進行操作，應以其他可能發展形態看待。

（2）M頭的兩個頭部大致處在同一水平線，兩頂高度落差應不超過3％。

（3）M頭兩頂間隔，要保持一定距離，距離愈大，有效性愈高。但間隔日線若超過半年幅度的M頭，就失去判斷意義。

（4）M頭分標準形和複合形兩種：標準形只有兩個頂部，複合形有時左右會出現多個小頂部，均是可信的反轉信號，應大膽操作。

（5）M頭出現的時機較多，一般處於整理階段或是多頭行情的末升段。

（6）M頭的左頭成交量一般都會比右頭要大。

（7）M頭之中亦有可能出現類似圓形頂。

實際應用：

（1）跌破頸線的3％時，形態即確立，可採賣出策略。

（2）跌破頸線後的小反彈即為逃命波（指在技術分析中，多頭〔牛市〕已確定結束，空頭〔熊市〕尚未正式下殺前，出現的反彈波，這是做多者的逃命波），可以加碼放空。

（3）預估指數最小跌幅，約為頭部至頸線的垂直距離。

注意事項：

（1）M頭有兩處賣點，第一處賣點是M頭的右頂轉折處，一般投資者大多在此賣出。此處是M頭的最佳賣點，在此賣出的人，都稱得上是「先知先覺者」。

第二處賣點是頸線位，價格跌破頸線後，表示一輪較大的下跌行情即將來臨，此時將手中部位全部賣出，是最明智的操作。

（2）M頭有時出現在底部的調整行情中，下跌空間有限，賣出後應密切觀注走勢。一旦調整到位，應及時買回，因為M頭要是處在複合形W底的頸線位處，會出現較大的上

漲行情。

（3）M頭不按規律時，形態出現後不下跌而會向下假突破，然後以迅雷不及掩耳之勢拉起股價，走出一輪新的上揚行情。如果賣出，就會遭到重大損失。碰到此情況時應冷靜對待，既不要後悔，也不要追漲，少賺一點也算不了什麼。市場上的錢是賺不完的，以後有機會再出手也不晚，這樣才能保持良好心態，不致影響今後的操作。

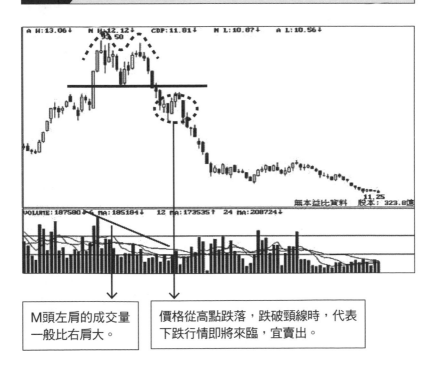

圖 30　M頭形態走勢

M頭左肩的成交量一般比右肩大。

價格從高點跌落，跌破頸線時，代表下跌行情即將來臨，宜賣出。

三重頂

形態說明：

三重頂又稱為三尊頭，是以三個約等價位高點所形成的形態，通常出現在上升趨勢中。三重頂形態和雙重頂十分相似，只是多一個頂，且各頂分得很開、很深。

典型三重頂通常出現在一個較短的時期內，穿破支持線而形成。另一種確認三重頂的訊號，可從整體成交量中找到。在形態形成的過程中，成交量會隨即減少，直至價格再次上升到高位時，成交量便開始增加，形成一個確認訊號，但成交量在此期間，每個頭部部分會一次比一次小。

圖 **31** 三重頂形態走勢

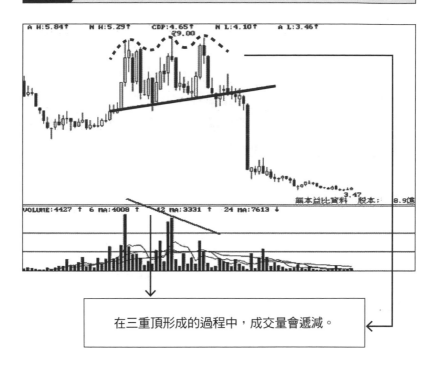

在三重頂形成的過程中，成交量會遞減。

指示信號：

（1）又稱三尊頭，三個頭部與頸線的距離大致相當。

（2）多出現於空頭走勢的反彈行情中。

（3）第三個頭的成交量會明顯較前兩者小。

（4）通常出現在周線等較長期的線圖中，且三重頂成形向下跌破後，將來指數整理的時間也較一般長。

（5）三個頭部有時也會形成圓形頂的形態。

實際應用：

當價格上升一段時間後，投資者開始獲利回吐，市場在賣壓下從第一個峰頂回落。當價格落至某一區域，會吸引一些看好後市的投資者興趣，而之前在高位賣出的投資者，也可能逢低回補，於是行情再度回升。

但市場買氣不足，在價格僅回至前一高位附近時，即再次遭遇賣壓，令價格再度走軟。但在前一次回檔的低點，錯過買進機會的投資者與短線客，會將買盤拉起。

由於高點兩次都受阻而回，投資者在股價接近前兩次高點時會紛紛減碼，當價格逐步下滑至前兩次低點時，一些短線買盤開始縮手，此時愈來愈多的投資者意識到大勢已去，均轉為賣出，讓價格跌破前兩次回落的低點（即頸線），於是整個三重頂形態便形成。

（1）三重頂的頂峰與頂峰，或底谷與底谷的間隔距離，不必與時間相等。同時，三重頂的底部不一定要在相同的價格形成。

（2）三個頂點價格不必相等，大致相差3％以內即可。

（3）當三重頂中第三個頂的成交量非常小時，即顯示出下跌徵兆。

（4）理論上來說，三重頂跌幅最小，頂部愈寬，力量愈強。

注意事項：

（1）**跌破頸線的3%時，形態即確立，可採賣出策略。**

（2）預估指數的最小跌幅，約為頭部至頸線垂直距離。

W底（雙重底）

形態說明：

當價格持續下跌到某一水平後，出現技術性反彈，但回升幅度不大，時間也不長，股價隨即又再下跌。跌至前次低點時卻獲得支持，價格再一次回升，這次回升，成交量會大於前次反彈時的成交量。股價在這段時間的移動軌跡就像W字，故稱為W底或雙重底。

圖 32 ▶ **W底形成後的2種可能趨勢**

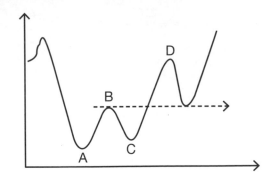

（1）未突破B點的壓力位置，價格在A、B、C三點形成的狹窄範圍內上下波動，形態將演變成區間整理形態。

（2）突破B點的壓力位置繼續向上，這種情況才代表雙重底反轉突破形態真正出現，前一種情況只能說是潛在的

雙重底。

實際應用：

（1）雙重底不一定都是反轉信號，有時也是整理形態。如果兩個底點出現時間非常近，在它們之間只有一個次級上升，大部分屬於整理形態，將繼續朝原方向（橫向移動）變動價格。

（2）相反地，兩個底點產生時間相距較遠，中間經過幾次的次級上升，則反轉形態形成的可能性較大。

注意事項：

（1）W底的兩低點可能是前低後高。

（2）W底最小漲幅的度量方法為，從頸線向上度量最高點到頸線的距離。

（3）W底的成交量在兩個低點前為價跌量縮，但總體成交量呈逆增。

◆ ⑥島狀反轉

頂部島狀反轉與底部島狀反轉

形態說明：

價格在經過一段時間持續上升後，某日出現跳空缺口並加速上升，但隨後股價在高位徘徊。不久後股價以向下跳空缺口的形式下跌，此下跌缺口和上升向上跳空缺口，基本上處在同價格區域的水平位置。在K線圖上看來，高位爭持的區域就像遠離海岸的孤島形狀，左右兩邊的缺口令此島嶼孤立於海洋上，這就是頂部的島形反轉形態。

股價在持續下跌過程中，也會出現島形反轉形態。價格在持續下跌一段時間後，某日突然跳空低開，留下一個下調缺口，隨後幾天，價格繼續下沉，但跌到某低點又突然峰迴路轉，向上跳空，開始急速回升。此向上跳空缺口與前期下跌跳空缺口，基本上處在同一價格區域水平位置。

和頂部島型反轉一樣，低位爭持的區域就像是一個遠離海岸的孤島形狀，這就是底部的島形反轉形態。

圖 33 島狀反轉形態走勢

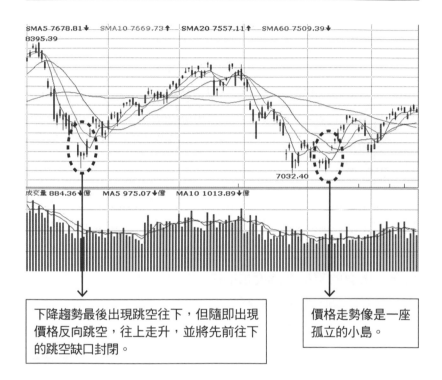

下降趨勢最後出現跳空往下，但隨即出現價格反向跳空，往上走升，並將先前往下的跳空缺口封閉。

價格走勢像是一座孤立的小島。

形成原理：

價格不斷上升，使得原來想在低位買入的投資者，沒法在預定價位買進，持續的升勢令投資者難以忍受踏空痛苦，終於忍不住不計價位搶進，於是形成一個上升的缺口。

可是價格卻沒有因此快速向上，在高水平明顯出現放量滯漲橫盤，說明此時暗中有著巨大賣壓。經過一段短時間的

僵持後，主力和先知先覺的機構大量出逃，價格終於沒法在高位支持。

一旦下跌引發市場信心崩潰，出現缺口性下跌，下跌缺口之上，套牢了大量籌碼，價格也開始漫長的跌勢。價格在不斷下跌後形成的底部島型，與升勢時形成的頂部原理一樣。島形形態常常出現在長期或中期趨勢的頂部或底部，表示趨勢逆轉。

指示信號：

島狀反轉不是主要反轉形態，因為它形成的時間相當短，不足以代表主要趨勢，不過它通常是一個小趨勢的折返點。理由很明顯，因為前一個跳空發生後，不久便發生反向跳空，既有的趨勢在過度預期後，出現後繼無力的現象。

既有趨勢的力道在後繼無力下突然消失，反向勢力乘勢而起，便發生反向跳空，這是多空勢力在短時間內鮮明的消長結果。所以**當反向缺口沒有馬上被填補時，便代表多空勢力消長確立，成為趨勢的反轉訊號。**

（1）島狀左側為上升消耗性缺口，右側為下跌突破性缺口，是以缺口填補缺口。此二缺口出現在很短時間內，說明市場情緒化特徵明顯。

（註：消耗性缺口是指在下跌趨勢中，隨著一段時間的趨勢走低，空方此時出現的價格往下跳空，顯露出空方在消耗力氣或做最後的奮力一搏。突破性缺口則剛好相反。）

（2）高位島狀的頂部一般相對平坦，與兩側陡峭的圖形形成鮮明對比。有時頂只是伴隨天量（指當天的成交量，是近期波段走勢中的最大成交量）的交易日而構成，這是市場極端情緒化的產物。由頂部開始，成交量呈遞減狀，並且左側為形態中的天量。

（3）底部島狀反轉常伴隨很大的成交量，如果成交量很小，就很難成立這個底部島形反轉。

實際應用：

（1）**島狀形態最佳的買賣點，為跌破上升下降趨勢線和第二個缺口發生之時，因為在這之前無法確定發展的方向。**

（2）島狀反轉是一個孤立的交易密集區，與先前的趨勢走勢隔著一個竭盡缺口（指在下降〔或上升〕趨勢中，最後出線的價格跳空缺口），並且與之後的價格趨勢相隔著一個突破缺口。

在一波價格走勢後，價格在過度預期中跳空，形成竭盡缺口，整理一日至數日後，價格反向跳空，使整理期間的形態宛如一個孤島。

◆ ⑦圓弧頂（底）

圓弧頂

形態說明：

價格呈弧形上升，雖不斷升高，但每一個高點漲不了多少就回落。新高點較前點高，回升點略低於前點，把短期高點連接，就形成一圓形頂。成交量方面，也呈一個圓形狀。

（1）指數到達高點之後，走勢趨緩甚至逐漸下滑。

（2）圓弧頂的完成時間往往較長，也可能與其他形態複合出現。

（3）圓弧頂成交量多呈現不規則狀，一旦圓頂左側量明顯大於右側量時，圓頂形成的機率更高。

（4）圓弧頂中發生假突破情形時，指數往往很快又回到原來軌道。

圖 **34**	圓弧頂轉形態走勢

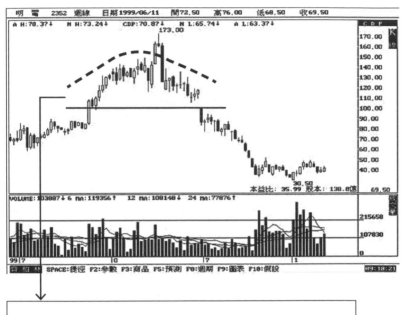

當圓弧頂形成時，代表賣方力量超過買方，跌勢即將來臨。

形成原理：

　　經過一段買方力量強於賣方力量的升勢之後，買方趨弱或僅維持原來的購買力量，使漲勢緩和。賣方力量卻不斷加強，最後雙方力量均衡，此時股價會保持沒有上升的靜止狀態。

　　如果賣方力量超過買方，股價就回落。開始只是慢慢改

變，跌勢不明顯，後期則由賣方完全控制市場，跌勢轉急，說明一個大跌市將要來臨，未來下跌之勢將轉急轉大。先知先覺者會在形成圓弧頂前離市，但在圓形頂完全形成後，仍有機會撤離。

指示信號：

（1）有時圓形頭部形成後，價格並不馬上下跌，只反覆橫向發展，形成徘徊。一般來說，這區域很快便會突破，股價會繼續朝預期的下跌趨勢發展。

（2）股價的頂部和底部均會出現圓形反轉，形態相似，意義卻相反。在底部時，代表股價呈弧形下跌，初時賣方的壓力不斷減輕，於是成交量持續下降，但買入的力量仍畏縮不前。這時股價雖下跌，然而幅度緩慢細小，趨勢曲線漸漸接近水平。在底部時。買賣力量達到均衡狀態，僅有極小的成交量。

需求開始增加，價格隨之上升，最後買方完全控制市場，價格出現突破性的上升局面。初時成交量緩慢減少到一個水平，然後又增加，形成一個圓底形。此形態顯示一次巨大的升市即將到臨，投資者可以在圓形底升勢轉急之初追入。

實際應用：

（1）跌破頸線確立後（3%），可採賣出策略。

（2）預估最小跌幅為圓頂至頸線的垂直距離。

圓弧底

形態說明：

圓弧底是價格重要的反轉形態之一，其反轉趨勢由下
而上緩慢攀升，呈現一個圓弧形走勢，有時也稱為「鍋底
形」。價格維持一段緩升後，接著突破盤整或壓力區，加速
上升。

圖 35 ▶ 圓弧底形態走勢

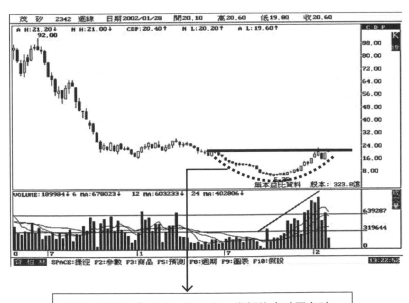

價格反覆徘迴會形成一個平台，當價格突破平台時，
成交量也會上升。

形成原理：

市場經過一段賣方強於買方的下跌之後，賣方趨弱或僅維持原來的購買力量，使跌勢緩和。買方力量不斷加強，行情回落到低水平時漸漸穩定。這時成交量很少，投資者不會不計價搶高，只有耐性地限價收集籌碼。後期則由買方完全控制市場，於是價格逐步向上運行，形成一個圓形的底部。

圓弧底往往是機構大戶炒作的產物，他們有著充足的資金，但不能一下子買太多，使股價上升過快，不利於低位吸籌和坐莊。直到吃進足夠籌碼後，才會用資金推動股價，拉升到一個很高的位置。

指示信號：

（1）圓弧底在經歷大幅下降後形成，一般打底的時間較長，幾週幾月甚至幾年都有。底部股價波幅小，成交量亦極度萎縮。盤整到尾段時，成交量緩步遞增，之後巨量向上突破阻力線。

（2）在形成圓弧底後，價格可能會反覆徘徊形成一個平台（或稱為「碟柄」），這時成交已逐漸增多。在價格突破平台時，成交必須顯著增大，股價也會加速上升。

（3）假如圓弧底出現時，成交量並不是隨著價格而增加弧度，則該形態不宜信賴，應該等待進一步變化，待趨勢明朗時再作決定。

實際應用：

（1）價格向上突破確立頸線（3％），可買進。

（2）預估未來最小漲幅為底部至頸線的垂直距離。

◆ ⑧菱形

形態說明：

一般整理形態中，菱形較特殊且少見，亦可稱為鑽石形。菱形就像是喇叭形、對稱三角形、頭肩頂的綜合體，比較會出現在頭部的反轉形態。

菱形前半部分類似喇叭形，後半部分類似對稱三角形。前半部分的喇叭形之後，趨勢應該是下跌，而後半部分的對稱三角形，卻又使此下跌勢暫得緩衝。所以，菱形有對稱三角形保持原有趨勢的特性，但終究沒能擺脫下跌的命運。

由於對稱三角形的存在，菱形還具有估測價格跌幅的功能。菱形的形成過程，成交量隨價格變化，開始是愈來愈大，之後是愈來愈小。菱形的估測功能是以最寬處高度為整個形態的高度，估測下跌的深度從突破點算起，至少下跌一個形態高度。

圖 36　菱形形態走勢

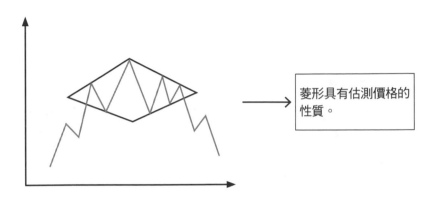

菱形具有估測價格的
性質。

形成原理：

左半部與擴散喇叭形態一樣，投資者受到市場熾烈的投
機風氣傳言感染，當價格上升時便瘋狂追漲，而下跌時又盲
目加入拋售行列，瘋狂殺跌。

這種市場極度衝動和雜亂無序的行動，使得價格不正常
地狂起狂落，形成上升時高點較前次為高，低點則較前次
低。也容易產生不規則而巨差的成交量，反映出投資者衝動
的買賣情緒，這就形成一個擴散三角形。

由於看好後市的人，持股做中長線漸多，使得衝動的短
線浮籌（一般指短線的籌碼為浮籌，因為這種籌碼不穩定，
一會兒買一會兒賣）日漸減少，穩定看好後市的力量逐步成
為市場主流。

這時股價波動逐步縮小平緩，成交量也急劇回落萎縮，後半段與對稱三角形一樣，經過充分換手整理後突破上行。當然，菱形不一定會向上突破，向下突破轉化成頂部形態的機會也不少。

指示信號：

（1）菱形有時也作為持續形態，不出現在頂部，而出現在下降趨勢中途。這時它仍保持原來的趨勢方向，換句話說，該菱形之後的走向仍是下降。

（2）菱形上面兩條直線的交點，有可能並非正好是一個高點。左、右兩邊的直線，由各自找的兩個點畫出，兩條直線在什麼位置相交就不要求了。同理，菱形下面兩條直線，也有與上面兩條直線相似的可能。

（3）技術分析中，形態理論的菱形不是嚴格幾何意義上的菱形，這一點和別的形態一樣。

實際應用：

（1）前半部分與擴散喇叭形一樣，具有高而不規則趨於放大的成交量，後半部與對稱三角形一樣，成交量趨於逐步萎縮。

（2）一般上下突破時，成交量都會溫和放大，一旦向下突破，即會形成沉重的頭部，中期趨勢向淡。

（3）最小的升跌幅由突破點開始計算，是該形態中最大的垂直差價。一般來說，價格運動的實際距離，比這一段

最小量幅長。

（4）最佳的買賣點為價帶量突破菱形形態，形成後半部的對稱三角形之時。

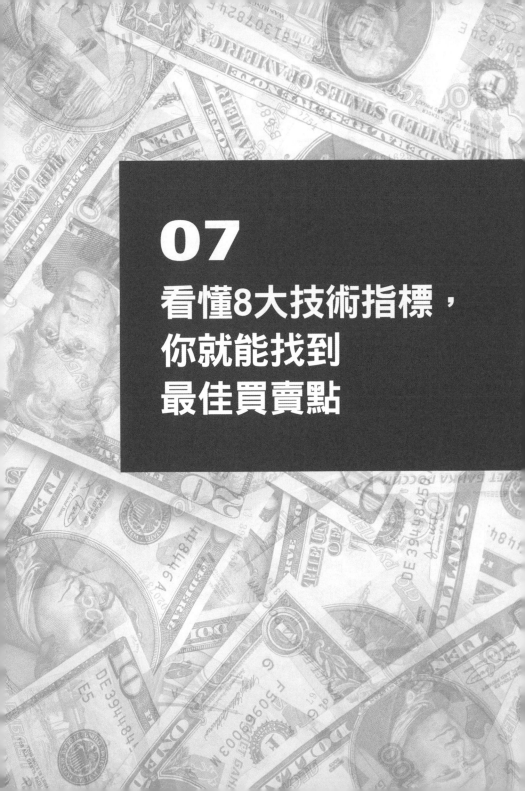

07
看懂8大技術指標，你就能找到最佳買賣點

善用技術分析，
你的績效比大師厲害

技術指標是研究標的在價、量、籌碼等，產生在價格上的波動性與趨勢，期盼能用來掌握後市方向，以及精準的進場、出場點位。

對標的貨幣而言，基本面分析是「因」（選擇該貨幣的原因），技術分析是「果」。選了商品標的貨幣後，利用技術面進一步分析，該標的貨幣過往的交易軌跡，以及即將形成的趨勢，藉以發現操作獲利的機會，並享受成果。

目前市場上使用的技術指標非常多，各有用處。真正要逐一細講，這部分就足出一本書，問題是對各位來說，幫助其實不大。

我希望藉由自己的經驗啟發各位，讓大家體認，學會技術分析是在金融市場必然要走的路。如果你能研發出一套屬於自己並且實用的技術（指標）分析，當然再好不過，就如同本書第4章所寫：求人不如靠自己，萬貫家財不如一技傍身。

我僅就自己多年研習，及實務上使用的各種技術指標經驗，套用在目前的外匯市場上，分析其原理、優缺點及適用

盤勢等，與投資朋友們分享。希望投資朋友們在進入技術分析領域時，能快速抓到重點，少走冤枉路。

如果當初沒有下功夫研究這些不算少的技術分析，並實際運用在操作面，進而發現指標盲點，再去整理重點精華，可能就不像現在這樣，能夠摸索出一套屬於自己，最適用也最實用的技術分析方法。

◆ 任何技術指標都有優劣勢，必須融會貫通

古人上戰場都會挑選最襯手的兵器，這道理在金融市場上也通用。想找到通盤都適用、好用的技術指標，務必要有耐心讀完這一整章（千萬不要挑著讀），再切入下一章節的自創技術分析，反覆研習，一定會有更多體會。

各位一開始就必須清楚知道，任何技術指標都有其可取之處，也都有與實務應用打結的問題（盲點）。因此，千萬不要一開始，就一廂情願地依賴某種技術指標。這就像武俠小說裡的各門各派功夫，都有追隨者，招式是死的，練的再勤也只是招式，惟有悟性高的人才能跳脫框架，將既有招式改良並發揚光大。

我個人將技術指標看成是盤面上多、空雙方交戰時，透露出來的各項情資，藉由掌握當時雙方實力，在最恰當的時機點，選擇進場站在勝利的一方，順勢操作賺取價差利益。

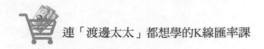

　　言歸正傳，現時的外匯保證金交易，由於槓桿倍數較大，加上浮動點差等問題，因此，資金和成本控管在實務操作上，顯得極為重要。各位務必要結合技術面與實務面，鑽研技術分析領域，並對進出點位的時機點掌握下足功夫。

　　接下來所列的技術指標，請將學習重點放在「原理」和「優缺點」。至於「應用」，就是找出指標盲點和困擾你的原因，並將其記錄下來。請記住，指標終歸來看，不過就是輔助工具，死板板的，唯有使用的人是活的，懂了指標原理並清楚優缺點後，再加上經驗值，就可以判斷指標在任何盤勢代表的真正意涵。

A. 移動平均線

　　移動平均線（Moving Average, MA）是將一定期間內的價位相加，再平均後的數值（點），數值（點）連接形成的線即稱為「移動平均線」。投資人可利用移動平均線的轉折及交叉現象，研判價格走勢，作為買賣時機的參考。計算公式如下。

移動平均數＝採樣天數的價位合計／採樣天數

短期移動平均線

　　一般以5日作為短期的移動平均線，為短線進出依據。當均線反轉下跌時，應該賣出。

中期移動平均線

　　一般以22日及60日作為中期的移動平均線，又稱為月線和季線。

長期移動平均線

一般以240日為準，稱為年線，是主力、實戶及作手參考的重要指標。

以短期移動平均線舉例：將最近5天收市價格加總後，再除以5天，求出算術平均值。將每個平均值（點）相連成一條曲線，也就是在特定時間（5天），市場交易平均成本的概念。所謂移動，實質上就是指在計算中，始終採用最近5天的價格資料。因此，移動平均線會隨著新的交易日更迭，逐日向前推進。

在計算短期移動平均值時，採用最近5天的收市價格，把新的收市價逐日加入陣列，往前數的第6天收市價則剔去。然後，再把新的總和除以5，得到新一天的平均值。

原理：

移動平均線是平均成本的概念，在這條平緩的曲線上，可以知道目前價格走勢是高於或低於此平緩曲線，以作為探究潛在趨勢的依據。不過，**移動平均線的反應仍是落後市場變化，但較短期的移動平均線，比如5天或10天平均線，會比30天平均線更貼近市場價格變化**。也就是說，短期平均線對價格變化較為靈敏，長期移動平均線則較遲鈍。

某些市場或投資人依操作習性喜好不同，會利用短期移動平均線的靈敏，當作攻擊訊號，再綜合長期平均線的區

間，作為支撐／壓力、停損／停利的參考依據。

請看圖37，當短期移動平均線向上突破長期平均線，就稱為「黃金交叉」，是買進（Buy）的訊號；短期移動平均線向下跌破長期平均線，就稱為「死亡交叉」，是賣出（Sell）訊號。

下跌趨勢時，價格反彈至長期平均線，但卻無法有效突破，站穩在長期平均線之上（壓力），當價格再次跌破長期平均線，就是加碼賣出（Sell）的訊號。

圖 37 從移動平均線看出黃金交叉和死亡交叉

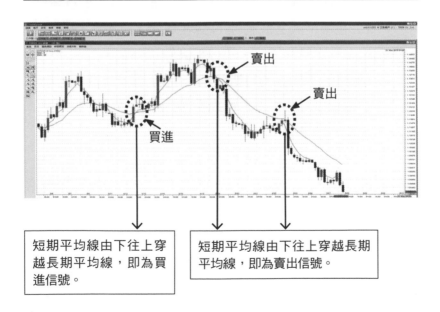

短期平均線由下往上穿越長期平均線，即為買進信號。

短期平均線由下往上穿越長期平均線，即為賣出信號。

優點：

（1）運用移動平均線可觀察價格整體走勢，不考慮價格的偶然變動，可自動選擇出入市時機。

（2）移動平均線能顯示買賣訊號，降低風險水平。無論怎樣變化，反映買賣信號的途徑都一樣：**如果價格（一定要用收市價）向下穿破移動平均線，便是賣出訊號，反之，則是買進訊號。**當價格走勢剛開始形成上升或下降趨勢時，以此判斷買賣訊號，通常可獲得頗為可觀的投資回報率。

（3）分析簡單，投資者更能清楚了解當前價格動向。

缺點：

（1）變動緩慢，不易把握價格趨勢的高峰與低谷。

（2）在價格缺乏波動性的整理期間，移動平均線與價格會出現上下交錯的情況，使分析者難以判定。

（3）移動平均線的日數沒有一定標準，常根據市場不同發展階段，以及分析者習性而有不同。投資者在擬定計算移動平均線的日子前，必須先清楚了解自己的投資目標。

短線投資者，一般選用5天移動平均線；中線投資者常選用60天移動平均線；長期投資者則是240天移動平均線。很多投資者選用240天移動平均線，判斷現時市場是牛市或熊市，若價格走在240天移動平均線之下，則是熊市，反之則是牛市。

實務應用：

為了避免平均線的局限性，更有效掌握買賣（短、中、長）時機，一般將不同期間的平均線予以組合運用。例如我會將費氏系數（費波納契數列），一併搭配使用「5、13、21、55、144日平均線」組合。組合內移動平均線的相交，與同時上升排列或下跌排列，均為確認趨勢的訊號。

（1）**平均線由下降逐漸走平，而股價自平均線下方向上突破，就是買進訊號。**當價格在移動平均線之下時，表示買方需求太低，以致於價格大大低於移動平均線，這種短期下降提供了往後反彈的機會。一旦價格回升，便是買進訊號。

（2）當走在移動平均線之上的價格出現下跌，但剛跌到移動平均線之下就開始反彈，這時如果價格突破並與移動平均線拉開距離，表明買方力道大，是一種買進訊號。不過，如果價格已經相當高時，這種情形就不一定成立，只能當作參考。

（3）移動平均線處於上升狀態，價格發生下跌但未跌到移動平均線之下，接著又立即反彈，就是一種買進訊號。在價格的上升期，會出現暫時回落，但每次回落的絕對水平都在提高。所以，一定要看價格是否處於上升期，且最好是處於上升初期（適用性較大），才做決策。

（4）**價格走在長期平均線下方，變動加速下跌並遠離平均線（乖離大）時，為買進時機。**這是超賣現象，價格不久

後將重回長期平均線附近。

（5）移動平均線從上升趨勢逐漸轉變為橫向走平，當價格從移動平均線上方向下突破時，為賣出訊號。**價格在移動平均線之上，顯示價格已經相當高，且移動平均線和價格之間的距離很大，這就意味著價格可能太高，有回跌的可能**。在此情況下，價格一旦下降，即為拋售訊號。

（6）移動平均線緩慢下降，價格雖然一度上升，但剛突破移動平均線就開始逆轉向下，可能是價格下降趨勢中的暫時反彈，價格可能繼續下降，就是一種賣出訊號。不過，如果價格下跌程度已相當深，這種規則就不一定適用，因為可能只是回升趨勢中的暫時回落。

（7）移動平均線處於下降趨勢，價格在下跌過程中曾一度上漲到移動平均線附近，但很快又處於下降狀態，這時是一種賣出訊號。一般來說，在下降過程中常會出現幾次這種訊號，這是下降趨勢中的價格反彈，是短期現象。

（8）**價格在長期平均線上方突然暴漲，並遠離平均線（乖離大），即為賣出時機。這是超賣現象，價格不久後將止漲下跌，回到平均線附近。**

（9）長期移動平均線緩慢上升，中期移動平均線則呈下跌狀態，並與長期移動平均線相交。這時，如果價格處於下跌，可能意味狂跌階段到來，是賣出訊號。在這種狀態下，價格在下跌過程中會有暫時回檔，否則不會形成長期移

動平均線和中期移動平均線的交叉。

（10）長期移動平均線呈下降趨勢，中期移動平均線處在爬升，且速度加快地穿過（突破）長期移動平均線，意味價格急劇反彈，是一種買進訊號。出現此情況時，一般價格仍在下跌過程中，只不過中期要低於長期的下跌幅度。

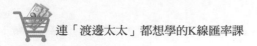

B. 趨勢線

　　技術分析中的一個基本要素，就是價格趨勢原理。當趨勢形成，價格將繼續上漲形成上升趨勢，或繼續下滑形成下降趨勢。當然，價格也可能呈現橫向波動。要確認上升或下降趨勢，通常要找出至少2個點以上的一條連線，作為趨勢線。

　　通常趨勢存在的時間愈長，可信賴性愈高，可預期價格將沿著相同軌道運行。趨勢線可分為以下五類，將逐一說明。

原理：

（1）上升趨勢線

上升趨勢線的斜率是正值，且連接至少2個點以上的低點，這些低點連線就形成下檔支撐。當價格短線拉回，來到上升趨勢線，即為買進訊號。當支撐區被跌破時，可能是上升趨勢即將結束的信號。

圖 38 上升趨勢線

連接波段低點的連線，此為下檔支撐。

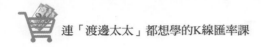
（2）下降趨勢線

下降趨勢線的斜率是負值，連接至少2個點以上的高點，這些高點連線形成了上檔壓力。當價格短線反彈來到下降趨勢線，即為賣出訊號。當壓力區被突破，可能是下降趨勢即將結束的信號。

圖 39　下降趨勢線

連接波段高點的連線，此為上檔壓力。

（3）反差趨勢線

當價格跌破上升趨勢線，走低後再上漲，而後續價格走勢都無法突破原上升趨勢線，這代表短波的高點來到原上升趨勢線，反而變成無法被突破的壓力。

圖 **40** 反差趨勢線

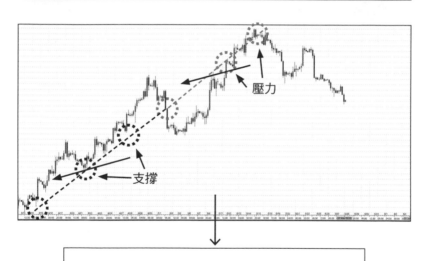

壓力

支撐

跌破上升趨勢線，支撐反差變成壓力

（4）水平趨勢線

當價格跌破上升趨勢線（或是向上突破下降壓力線），價格波動區間開始收窄走橫向運動，並在特定位置形成了許多短波低點支撐。這些短波低點形成的連線，即為水平趨勢線。

圖 41 ▶ 水平趨勢線

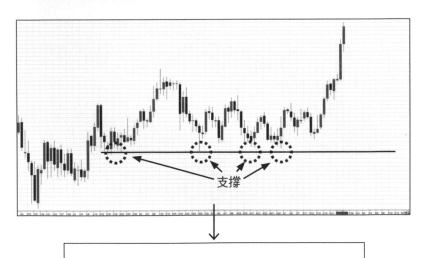

支撐

短波低點形成的連線，即為水平趨勢線。

（5）趨勢線＋水平線

價格先跌破上升趨勢線，形成反差趨勢線，之後在價格走低過程中，多次出現短波低點，形成水平趨勢線及反彈往上。不過前高形成的下降趨勢線，最後價格在水平趨勢線支撐下，往上突破下降趨勢線形成的反差趨勢線，便開始出現大漲。

圖 42　趨勢線＋水平線

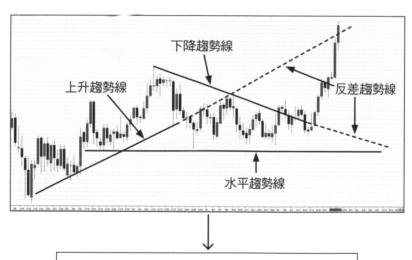

操作口訣：上升趨勢拉回頂線是買點，下降趨勢反彈頂線是空點。

實務應用：

（1）從時間大的週期開始畫線，先看清楚長線趨勢方向，順勢操作。

（2）上升趨勢中的反差趨勢線上，價格頂線是空點；下降趨勢中的反差趨勢線上，價格頂線是買點。

（3）心中永遠知道沒有不能被突破或跌破的支撐及壓力，因此務必善設停損，出場（單）可當作當時站上或跌破各趨勢線價格的依據。

（4）同一貨幣可同時多看（畫）幾個不同週期，例如日、時、分，如此方能看近看遠顧全局，避免因小失大。

C. 葛蘭碧8大基本法則

　　價格在某種程度上具有規律性的波動發展，所以移動平均線可用來代表趨勢方向。當價格波動發展偏離移動平均線形成的趨勢時，代表未來價格將會朝原趨勢方向修正。所以當偏離發展大到某程度時，可利用價格與其移動平均線的關係，作為買賣訊號的依據。價格與均線之間的差距稱為乖離（bias）。

乖離（bias）＝價格（price）－移動平均（ma）。

　　當乖離愈大，價格修正的可能性就愈高。同理，若趨勢形成並加速發展，可預期未來乖離必將擴大，乖離也是一個觀察指標。

　　當價由下向上突破移動平均線，移動平均線則變為短期支撐線，當價格回跌至移動平均線附近時，即為買進時機。此為移動平均線助漲的特性作用。反之，若向下突破，即有助跌的作用。

原理：

移動平均線是一段較長時期的價格發展線，具形成趨勢的概念。若趨勢發生改變，在長天期趨勢線尚未反應時，價格會先反應，此時價格將與移動平均線產生交叉，這代表趨勢將改變。

價格與均線的牽動關係，可作為觀察指標。葛蘭碧8大法則就是結合上述兩項觀察指標原理，所歸納出的買賣訊號。

圖 43　葛蘭碧法則

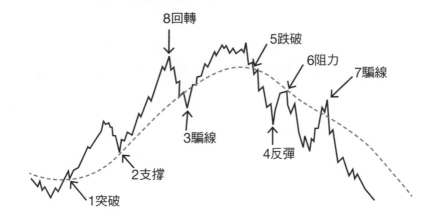

優點：

不會像日線大起大落，通常緩慢的升降。移動平均線通常在漲勢明顯後才會向上延伸，而在明顯下降後才開始下滑，對波段走勢相當準確。

缺點：

價格反轉初期反應較遲鈍，易出現假訊號。

實務應用：

買進的四個時機

（1）移動平均線從下降逐漸走平，且價格也自下方突破平均線（初升段形成），就是買進訊號。

（2）移動平均線持續上揚，價格與移動平均線加速發展，形成乖離過大壓回修正（初升段修正波結束，主升段形成）。在接近平均線（未跌破）價格即出現支撐反轉時，就是買進訊號。

（3）價格由平均線上方突然往下並跌破平均線，當價格再度反轉上升並突破平均線時（主升段修正波結束，末升段形成），為加碼買進訊號。

（4）價格突然暴跌致使平均線下彎，且價格走勢遠離平均線，形成乖離過大時（主升段修正波），價格會修正趨向平均線並彈升，就是反彈的買進訊號。

賣出的四個時機

（1）移動平均線上升後保持平行或開始下彎，價格由上往下跌破平均線時（初跌段形成），就是賣出訊號。

（2）平均線持續下彎，價格出現反彈上升，貼近平均線，隨即出現反轉再次往下，就是賣出訊號。

（3）價格由平均線下方突然往上並突破平均線，當價格上升再次跌破平均線時，就是賣出訊號。

（4）價格直線上升突然暴漲，正乖離過大，很可能會下跌趨向平均線（主升段的高點或相對高點），此為賣出時機。

其他應用

（1）短期平均線從下往上穿越長期平均線時，稱為黃金交叉，此為確定漲升波段的開始，可進場買進。

（2）短期平均線從上往下穿越長期平均線時，形成死亡交叉，表示跌勢的開始，此時要出脫手中持股或融券放空。

（3）當短、中、長期移動平均線呈現由上而下順序排列時，為多頭市場的確認。反之，若由下而上順序排列，則為空頭市場的確認。

D. 指數平滑異同移動平均線

指數平滑異動平均線（MACD）是利用快慢兩條（快線：DIF；慢線：MACD）移動平均線的變化，作為盤勢的研判指標。**用於研判價格變化強度、方向、能量及趨勢周期，以便把握買進和賣出的時機，可確認中長期波段走勢，並同時於短線上找尋買賣切入點。**

以短期快速和長期慢速兩條指數平滑移動平均線，計算兩者之間的差離值（DIF），再利用差離值與差離值平均值（DEM）靠近（交會）與分散（分離）的徵兆，研判買進或賣出的時機。計算方式如下。

一、先求價格平均需求。顧名思義，若單純僅用最高價或收盤價，都不能完全真實反應，當日市場參與者在某些價格的需求。

> 價格平均需求指數（DI）＝（最高價＋最低價＋2倍收盤價）／4

二、由需求指數的移動平均，取短、長期兩條指數平滑移動平均線（EMA）線，通常為12和26日，再由短、長期EMA計算出其間差離值（DIF）。MACD即為DIF的h天EMA，再作一次平滑移動平均。

指數平滑移動平均線（EMA）＝前日EMA＋（當天價格平均需求指數－前日EMA）×2／（1＋移動平均天數）

26日差離值（DIF）＝12日EMA－26日EMA

MACD＝前日MACD＋2／（1＋移動平均天數）×（DIF－前日MACD）

原理：

MACD的原理在於以長天期（慢的）移動平均線，來作為大趨勢基準，而以短天期（快的）移動平均線，作為趨勢變化判定。**當快的移動平均線與慢的移動平均線交會時，代表趨勢已發生反轉，MACD是確立波段趨勢的重要指標。**

　　當行情出現上漲情況時，此時代表短天的價格需求指數（P_t）移動平均會先反應向上，使得短天與長天的離差DIF開始擴大。這時代表較長趨勢的MACD，仍沿舊趨勢移動，於是造成DIF與MACD形成交叉。

　　由於使用EMA求得，因此，具有時間較近者權值較重的性質，可用以掌握短期訊號。由計算過程可知，MACD是經過兩次平滑移動平均過程所求得的值，該程序可以消除許多移動平均經常出現的假訊號缺點。

　　短期移動平均線（例如12日）及長期移動平均線（24日或72日）的交會、分離變化能夠明白顯示，目前行情是屬於多頭或空頭局勢，可作為中長期技術指標。

圖 44 　指數平滑異同移動平均線

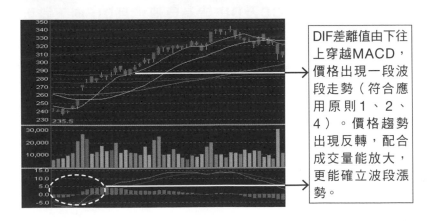

DIF差離值由下往上穿越MACD，價格出現一段波段走勢（符合應用原則1、2、4）。價格趨勢出現反轉，配合成交量能放大，更能確立波段漲勢。

優點：

（1）**MACD對掌握漲升波段頗為準確，在測試貨幣主要趨勢走向上，是相當好的分析工具。尤其當大跌後找買點時，應優先考慮使用MACD。**

（2）MACD對中長期投資買賣有獨到的分析能力，對於確認大波段漲跌幅頗為準確。

（3）MACD波段的漲跌幅極為明顯，可幫助波浪理論研究者計算及確認。

（4）**MACD可以避免移動平均線頻頻出現假突破的買賣點，減少無效的交易次數，進而提高獲利能力。**

實務應用：

（1）DIF值由負轉正且穿越MACD，為買進訊號。

（2）DIF值由正轉負且突破MACD，為賣出訊號。

（3）**如果MACD及DIF皆為負值，且DIF向下跌破MACD，此為空頭市場，為賣出訊號。**

（4）**如果MACD及DIF皆為正值，且DIF向上突破MACD，此為多頭市場，為買進訊號。**

（5）DIF與商品走勢呈背離走勢時，若價格連續創新低點，而DIF值並未創新低點，此為正背離走勢，就是買進時機。反之，若價格連續創新高點，而DIF值並未創新高點時，即為負背離走勢，就是賣出時機。

E. 隨機指標KD

　　KD是技術分析中一種**動量**分析方法，採用**超買**和**超賣**的概念。指標透過比較收盤價格和當日價格的波動範圍，預測價格趨勢逆轉的時間。

　　這是一種支撐壓力的概念。當價格處於多頭時，收盤價有往當期最高價接近的傾向，這時RSV值（未成熟隨機值，Raw Stochastic Value）也將不斷上升。在下跌過程中，收盤價有收在接近最低價的傾向，此時RSV也會傾向下降。計算方式如下。

　　一、需先求得RSV。

> 9日RSV（未成熟隨機值）＝（今日收盤價－最近9天的最低價）／（最近9天最高價－最近9天最低價）×100

　　二、再根據平滑移動平均法，計算K值及D值。

當日K值＝前日K值×2／3＋當日RSV×1／3

當日D值 ＝ 前日D值×2／3＋當日K值×1／3

K值（快速移動平均值）及D值（慢速移動平均值），一般多以9天為基期。

RSV的3日指數平滑移動平均線（EMA）即為K線，D線則為K線的3日指數平滑移動平均線。

原理：

價格在投資人追高殺低下，往往會出現超漲或超跌的現象，這個現象可透過RSV指標表現出來。當指標不斷往上至高檔時，投資人去追高，超過合理價位的買進行為將使價格超漲，形成超買訊號，超賣訊號亦同理。不過，**RSV指標的波動程度遠大於價格波動，因此會造成許多假突破現象。**

KD屬於較短、中期的指標，KD指標不僅運用到開、收盤價，也可分析最高價和最低價資訊，因為該指標對盤勢反應較敏銳。

KD結合了RSI強弱指標、移動平均線及量能觀念的優點，對於短線進出的投資人來說，是非常重要的參考指標。

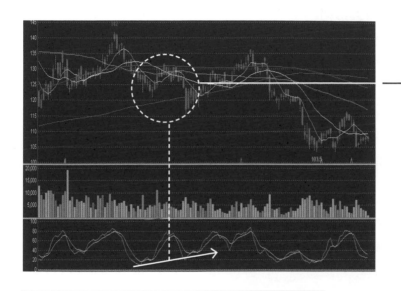

圖 **45** ▷ 隨機指標KD

圈圈對應的下方指標箭頭，符合應用原則2、5。

優點：

D值由K值推演而來，故波動較K值緩和。短期超買或超賣使用在日線圖上，可以提示明確的買賣點。可從其波動研判價格趨勢，是參考性很高的技術指標。

缺點：

KD指標略嫌敏感，容易產生騙線。

實務應用：

（1）當D值大於50，屬多頭狀態；當D值小於50，屬空頭走勢；當D值等於50，代表多空勢均力敵。

（2）**D值小於20，屬於超賣區，盤勢可能出現反彈或回升，可買進。D值大於80，屬於超買區，隨時可能出現回檔或下跌，可賣出。**

（3）原則上，當K值大於D值時，市場屬漲勢行情，做多較有利。若K值小於D值，為跌勢行情，放空較為適宜。

（4）KD線若在高檔連續出現兩次以上的交叉現象時，意味著行情即將大跌，宜觀望是否賣出。反之，若在低檔連續出現兩次以上的交叉現象，代表行情將會大漲，宜注意是否買進。

（5）**KD線與價格走勢呈背離現象，表示價格走勢即將呈反轉，為買進或賣出時機。**

F. 拋物線轉向

　　拋物線轉向也稱停損點轉向（Stop and Reveres，SAR），是一種簡單易學、比較準確的中短期技術分析工具。

　　它是利用拋物線原理，隨時調整停損點位置以及觀察買賣點的方式。由於停損點（又稱轉向點）以弧形移動，故稱為拋物線轉向指標。

　　SAR指標有兩層含義：一是「stop」，即停損、止損之意。這就是要求投資者在買賣之前，先設定一個止損價位，以減少投資風險。該止損價位也不是一直不變，它會隨著價格波動不斷調整止損位。如此既可以有效控制潛在風險，又不會錯失賺取更大收益的機會，是每個投資者追求的目標。

　　市場情況變幻莫測，不同時期的走勢各不相同，如果止損位設得過高，就可能在調整回落時賣出。而賣出的時機，卻從此展開一輪新的升勢，就會錯失賺取更大利潤的機會。反之，止損位定得過低，根本起不了控制風險的作用。

　　因此，**如何準確地設定止損位，是各種技術分析理論和指標的目的，而SAR指標在這方面有其獨到功能。**

　　二是「Reverse」，即反轉、反向操作之意。這是要求

投資者在決定投資前先設定止損位，當價格達到止損價位時，投資者不僅要對前期的買入進行平倉，且在平倉同時，進行反向做空，以謀求最大化收益。

　　和MACD指標相同的是，SAR指標的計算公式相當繁瑣。主要是針對每個周期不斷變化的SAR計算，也就是計算停損價位。在計算SAR之前，先選定一段周期，比如n日或n週等（一般為4日或4週）。接下來，判斷這個周期的價格是上漲還是下跌，然後再逐步計算SAR值。以計算日SAR為例，每日SAR的計算公式如下：

$$SAR(n) = SAR(n-1) + AF \times [EP(n-1) - SAR(n-1)]$$

　　SAR（n）為第n日的SAR值，SAR（n－1）為第（n－1）日的值。AF為加速因數（或叫加速係數），EP為極點價（最高價或最低價）。

　　原理：

　　與其他技術指標相比，SAR指標對行情研判提供相當大幫助，具體表現在以下三方面：

　　（1）等待觀望

　　當價格被SAR指標壓制在下方，並一直向下運動時，投資者可一路等待觀望，直到價格向上突破SAR指標的壓力，

並發出明確買入信號時，才可考慮是否買入。

（2）持有待漲

當價格在SAR指標上方，依托SAR指標一直向上運動時，投資者可一路持有待漲，直到價格向下跌破SAR指標的支撐，並發出明確的賣出信號時，才考慮是否賣出。

（3）明確止損

SAR指標具有極為明確的止損功能，又分為買入止損和賣出止損。賣出止損是指當SAR發出明確買入信號時，不管投資者以前是在什麼價位賣出、是否虧損，都應及時買入待漲。

買入止損是指當SAR指標發出明確賣出信號時，不管投資者以前是在什麼價位買入、是否獲利，都應及時賣出並等待觀望。

由於SAR指標簡單易懂、操作方便且穩重可靠，因此被廣大投資者普遍運用，尤其是中小散戶。

圖 46　拋物線轉向

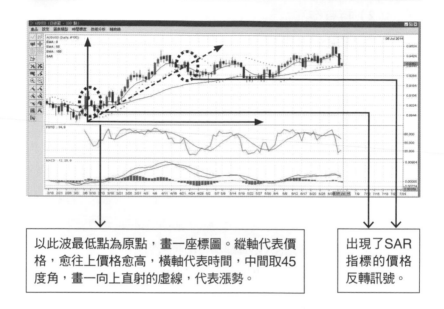

以此波最低點為原點，畫一座標圖。縱軸代表價格，愈往上價格愈高，橫軸代表時間，中間取45度角，畫一向上直射的虛線，代表漲勢。

出現了SAR指標的價格反轉訊號。

優點：

（1）操作簡單，買賣點明確。出現買賣信號即可操作，特別適合入市時間不長、投資經驗不豐富、缺乏買賣技巧的中小投資者使用。

（2）**適合用於連續拉升的牛市，不會輕易被主力震倉和洗盤。**

（3）**適合用於連續陰跌的熊市，不會被下跌途中的反彈誘多所矇騙。**

（4）適合用於中短線波段操作。

（5）長期使用SAR指標雖不能買在最低價，也不能賣在最高價，但可以避免被長期套牢，同時也能避免錯失多頭行情。

實務應用：

（1）當價格從SAR曲線下方開始向上突破時，為買入信號，預示著價格一輪上升行情可能展開，投資者應迅速及時買進。

（2）當價格向上突破SAR曲線後繼續向上運動，而SAR曲線也同時向上運動時，表示價格的上漲趨勢已經形成。SAR曲線對價格構成強勁支撐，投資者應堅決持有待漲，或逢低加碼買進。

（3）當價格從SAR曲線上方向下跌破時，為賣出信號，預示著價格一輪下跌行情可能展開，投資者應迅速及時賣出。

（4）當價格向下跌破SAR曲線後繼續向下運動，而SAR曲線也同時向下運動，表示價格下跌趨勢已經形成。SAR曲線對價格構成巨大壓力，投資者應堅決持幣觀望，或逢高減碼。

運行角度和時間

（1）當SAR曲線向下運行的角度（斜率）大於45度時，說明空方力量比較強大，價格跌勢迅猛，還將繼續下

跌。此時投資者應堅決持幣觀望，不宜輕易搶反彈。

（2）當SAR曲線向下運行的角度小於45度時，並且SAR曲線向下持續運行了很長一段時間（最少3個月以上），一旦價格向上突破SAR曲線，則表示價格中長期下跌趨勢可能結束，投資者可以開始逢低買入。

（3）當SAR曲線開始向上運行的角度小於45度時，如果SAR曲線已經向下運行很長一段時間的低位盤整（最少3個月以上）時，說明空方力量已經衰竭，多方力量開始加強。一輪新的價格漲升行情已經展開，將繼續上漲。此時投資者應堅決持有待漲。

（4）當SAR曲線向上運行的角度大於45度時，如果SAR曲線剛剛向上運行，說明多方力量開始積聚，價格將繼續向上攀升，此時投資者應堅決持有待漲。

（5）當SAR曲線向上運行的角度大於45度時，如果SAR曲線已經向上運行了很長一段時間，且股價短期內漲幅過大時，說明多方力量消耗過大，價格將隨時反轉向下。此時應密切關注SAR曲線的走勢，一旦SAR指標發出明顯的賣出信號，就應堅決清倉離場。

注意事項：

（1）SAR值須由近期明顯高低點起的第n天開始計算。

（2）如果是看漲行情，則SAR（0）為近期底部最低價；如果是看跌行情，則SAR（0）為近期頂部的最高價。

（3）加速因數AF有向上加速和向下加速因數的區分。若是看漲行情，則為向上加速因數；若是看跌行情，則為向下加速因數。

（4）加速因數AF的初始值一直是以0.02為基數。如果在看漲行情買入後，某天的最高價比前一天最高價還高，則加速因數AF遞增0.02，併入計算，但AF最高不超過0.2。反之，看跌行情也以此類推。

（5）如果在看漲行情中，計算出的某日SAR值比當日或前一日的最低價高，則應以當日或前一日最低價，為該日的SAR值。反之，在看跌行情中，某日的SAR值比當日或前一日的最高價低，則應以當日或前一日的最高價為某日的SAR值。總之，SAR值不得定於當日或前一日的行情價格變動幅度內。

（6）任何一次行情轉變，AF都必須重新由0.02起算。

（7）SAR指標的計算基準周期參數為2，如2日、2週、2月等，其計算參數變動範圍為2～8。

（8）SAR指標的計算方法和過程比較繁瑣，對投資者來說，只要掌握演算過程和原理，在實際操作中並不需要自己計算SAR值。更重要的是，要靈活掌握和運用該指標的研判方法和功能。

G. 布林軌道

布林軌道（Bollinger Bands）包含三條軌道，用來描述商品貨幣的波動性（Volatility），是透過計算價格的標準差，求出價格的信賴區間。

第一條軌道為簡單移動平均線（Simple Moving Average），也就是在某個時段的平均價格。第二條和第三條軌道代表從平均值偏離的標準差（Standard Deviations），可分別看作壓力線和支撐線。一般來說，價格會運行在壓力線和支撐線所形成的通道中。

布林軌道採用標準差，當價格出現大變化時，軌道區間可能變窄或變大。軌道區間變大，表示價格的波動大。

原理：

布林軌道除了用來衡量波動性，也可當作投資預測。當價格接近上軌道，表示進入超買情況，走勢可能拉回。同樣地，當價格到達下軌道，表示進入超賣情況，走勢可能反轉向上。

通常在價格盤整的過程中，投資者最想知道的，一定是要盤整到什麼時候才會產生行情。布林線指標恰恰可以在這

時發揮神奇作用，**對結束盤整給予正確提示，避免投資者太早買入。**

當布林線指標開口逐漸變小，代表價格的漲跌幅度逐漸變小，多空雙方力量趨於一致。價格將會選擇方向突破，開口愈小，價格突破的力度就愈大。到底開口多小才算小？可以極限寬指標（Width）當作開口大小指標。

一般來說，極限寬指標小於10的股票，隨時有可能突破。但是建議最好先不要急於進場買進或賣出，因為**布林線指標只告訴我們隨時會突破，但卻沒有告訴我們價格突破的方向。**針對此點，**投資人應先觀察該商品貨幣一年來的極限寬指標走勢，以確定極限寬指標值的臨界點。**可透過以下方法計算：

> Width＝（布林上限值－布林下限值）／布林價格平均值

實務應用：

中長期看來，布林線是優秀的趨勢指標。當布林線由收口轉至開口時，表示價格結束盤整，即將產生劇烈波動。價格的突破方向，標示未來趨勢的運動方向。也就是說，價格向上突破阻力線，就是一輪上升趨勢，反之就是下跌趨勢。

平均線與阻力線（或支撐線）構成的上行（或下行）通

道，在中長期走勢下，對價格有強烈指示作用。以上行通道為例，價格若在平均線附近，可看作短期買點。價格若靠近或擊穿阻力線，則可判斷為短期賣點。對於非短線操作者來說，只要把握平均線的有效支撐，就可判斷上升趨勢是否持續。反之，判斷下跌趨勢也是如此。

除了上述指示作用外，布林線還有短線指示作用。當價格在一段時間內波幅很小，反映在布林線上則為波幅帶長期收窄。價格在較大交易量的配合下，若收盤價突破布林線的阻力線，布林線將由收口明顯轉為開口，此時投資者應該果斷買入（從當日的K線圖可明顯看出）。

因為該價格由弱轉強，短期上衝的動力不會僅有一天，短線一定有新高出現，可以果斷介入。

進階應用：

KDJ指標是超買超賣指標，布林線則是支撐壓力指標。兩者結合在一起，可使KDJ指標的信號更為精準。布林線指標通常反映價格的中期運行趨勢，所以利用此兩指標，可判定價格是短期波動還是中期波動，尤其適用於判斷價格是短期見頂（底），還是進入中期上漲（下跌）。

最後總結一下，以歐元兌美元為例，綜合運用KDJ指標和布林線指標的原則：以布林線為主，對價格進行中線走勢判斷，以KDJ指標為輔，對價格進行短期走勢判斷。

KDJ指標發出的買賣信號需用布林線驗證，如果兩者均

發出同一指令，則買賣準確率較高。如此一來，可以精準抓到波段轉折的相對高低點位，並可賺取整個波段的利潤。

圖 47 ▶ **布林軌道搭配KDJ指標**

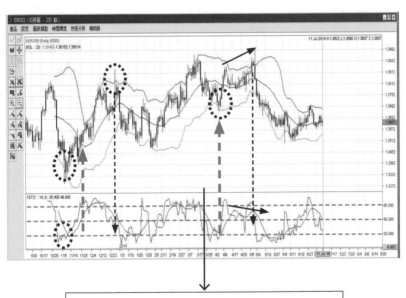

畫圈處為價格低點與指標低點的對應關係。當價格低，指標同時來到超賣區位置時，表示後勢即將出現反轉走升。

H. 相對強弱指標

原理：

相對強弱指標（RSI）是先行指標的一種，它具備「動量振盪點」的觀念，是非常普遍的應用技術指標，能有效研判價格超買或超賣現象。

RSI的基本原理是，在正常走勢中多空買賣雙方的力道必須均衡，價格才會穩定。不論價格如何變動，RSI都僅能在0～100間起伏，而產生超買、超賣、整理、交叉、反轉和形態等多種現象，計算公式如下。

> 6日RSI＝100×6日內收盤上漲總數的平均值／（6日內收盤上漲總數的平均值＋6日內收盤下跌總數的平均值）

圖 **48** ▶ **RSI相對強弱指標**

價格低，RSI指標來到超賣區，價格即將出現反轉走勢。當價格在走升的過程中，RSI指標處於50以上的多方區間，代表價格持穩上行。	在RSI指標畫上一上升趨勢線，代表指標明示價格走升。直到指標跌破趨勢線時，代表價格將出現反轉走跌。

　　優點：

　　（1）RSI利用上漲及下跌呈常態分配（指上漲和下跌頻率相近）的原理，來研判價格的超買或超賣現象。

　　（2）RSI會比價格變動先出現峰或底，能預先反映價格的漲跌趨勢，可視為價格走勢的先行指標。

（3）RSI是價格動能強弱指標，其低點與低點或高點與高點軌跡所形成連線，可作為下降支撐線及上升壓力線。

（4）可將RSI值視做多空頭氣勢強弱的研判指標，來掌握趨勢。**以RSI值50為多空交戰均衡點，當RSI值長期在50以上，為多頭漲勢；當RSI值長期在50以下，為空頭跌勢。**RSI線的上升或下降方向，代表多空頭的氣勢變化。

缺點：

RSI線走勢與價格走勢呈背離現象，代表價格即將反轉，RSI高檔或低檔時，容易產生鈍化，失去指標功能。

實務應用：

（1）RSI值總是介於0～100之間，較常使用者為6日、12日及24日RSI，計算日期愈長，功能愈穩定；愈短，敏感度愈高。

（2）RSI以相對漲跌幅為基礎來分析，通常RSI在50，為買賣均衡點，30～70為正常交易狀態。6日RSI在80以上或15以下，可能出現反轉訊號。

RSI大於80，進入超買區，應分批賣出；RSI大於90，則為嚴重超買，價格隨時會回檔，建議出脫；RSI小於20，進入超賣區，應考慮買進；RSI小於10，表示嚴重超賣，應大量進場承接。

章節最後，我提供一個個人真實操作案例。充分運用技

術指標，趨勢線、均線（葛蘭碧法則）、KD、MACD，壓力／支撐、突破／跌破、背離等特性，我綜合應用這些分析指標，並在今年5月至6月期間操作歐元兌美元，前後總共三筆單，共獲利達到61,670美元，如圖49所示。

圖 49　我用綜合分析法，真實操作外匯交易

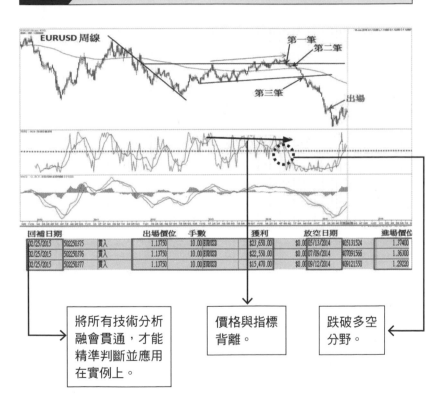

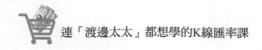

　　各位要記住，在學習的過程不要死記死背，多讀幾遍並且理解每個指標的原理、特性、選擇短中長期、優缺點，再加上自己的創意，將各指標混合搭配，相信不用多久的時間就會熟練。當市場的錢轉進你個人帳戶時，很自然地會從中發現樂趣。

08
自創技術分析，讓我第一次出手就賺1000萬

超實用技術分析的 10個準則

　　筆者當初在設計、研發這套技術分析時，一直不斷問自己，最需要的是什麼的工具？以下10點是征戰金融市場多年後，我最想要擁有的一套技術分析。將心比心，相信這也絕對是市場上，所有投資朋友們最需要的工具。

　　一套好的技術分析，就應該要做到以下**10個必須**：

1. 必須能與實務操作相結合

2. 必須能適用於不同的盤勢

3. 必須能有效掌握時間關鍵

4. 必須能明確地看清楚趨勢

5. 必須能事先預判行情大小

6. 必須能過濾減少無謂交易

7. 必須能靈活操作進出市場

8. 必須能永遠做到大賺小賠

9. 必須能經得起市場的檢驗

10. 必須能讓投資人趨吉避凶

　　技術分析百百種，學了這個忘了那個，無法完全領會貫

通，該怎麼辦？投資朋友們多少都會對技術分析，存在不同層次的疑慮。例如：指標過熱鈍化、盤整走勢指標不適用、價格已反轉指標才跟進、錯失進場時機點、指標訊號忽上忽下不明確等。

這些問題只會徒增分析及操作上的困擾，最後讓投資朋友失去信心和興趣。其實問題的根本，只是沒有找到一套易學易懂，又適合自己使用的工具。

現有的技術分析普遍都屬於落後指標，都是利用已經發生的價格走勢，推敲後勢的可能變化。再者，若是K線再搭配其他技術指標，經常會因為指標鈍化情況，而誤判行情，進而直接影響實務面操作。使得大行情發生時，該賺的賺不到，甚至反而嚴重虧損。

有鑑於此，筆者憑藉自己在市場近27年經驗，對於技術分析及主要指標的原理及特性，進行了一系列的再整理。去蕪存菁，且融入自己多年實務操作的經驗，自行研發這套易學又實用的技術分析。

基於這套方法，讓我在第一次操作外匯時，就賺進了千萬。所有方法都有優缺點，我用10個準則萃取出精華，並融合轉化成最適合自己的套路。藉此與投資朋友們分享，期盼能起拋磚引玉效果，啟發投資朋友精進學習。

別只在價格上打轉，最重要的是時間

本套技術分析是以「時間」為重點，也就是掌握行情（走勢）開始、反轉、轉折點、出手下單進場及出場操作的時間等。

事實上，一張走勢圖上可明白顯示出縱軸價格與橫軸時間，兩者構成了一段時間內因多空交戰，而產生的價格走勢變化（行情的走勢方向）。

然而，**市場上多數技術分析都只在價格上打轉，卻忽略了時間的重要性**。舉例來說，常會聽到投資朋友們搥胸踏地說：「該賺的沒賺到，太早買進了。」結果因為價格震盪而被洗出場，一出場，價格走勢卻開始發動。

| 圖 50 | 時間與價格走勢關係 |

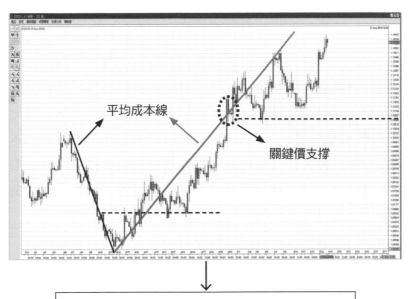

平均成本線

關鍵價支撐

前下降波關鍵價為後上升波的壓力，被突破並站穩後則變成支撐。

　　針對時間凌駕於價格之上這點，我將提出實證。在走勢圖上，時間永遠向右發展，因此不論上漲波或下跌波，最後價格結束的反轉位置，永遠都在平均成本線右邊。

　　光就這一點，已經非常重要了。在技術分析上，這點代表的意義是「明確」，這也正是許多似是而非的技術指標，在判定多空方向上做不到的事。

　　「明確」是筆者技術分析上的第二個重點。沒有明確的依據，又怎能隨便憑感覺、賭運氣似地亂出手下單。

　　舉例來說，價格上漲很明確，但是為什麼會上漲？一定是「因為」什麼原因。我們就要找出這個明確的「因」，它就是「明確的關鍵價」。

　　如果關鍵價不明確，又如何能當作實務操作上的技術分析依據。圖50中，**上升波段中出現了一根向上穿越平均成本線的長紅K棒，其與平均成本線交會的點位，就形成明確的關鍵價位，可作為後續價格拉回的支撐位置。該位置亦作為實務操作短空獲利回補，以及加碼做多的點位依據**。同時，也出現了前波對映後波的「因果關係」。

　　投資朋友們會問，為什麼這個交會的點位就一定是關鍵價位？關於這點，同樣可以給予明確的答案。大家都知道兩點間最近的距離是一條直線，這條直線運用在走勢圖上，就可解釋成平均成本線。

　　既然價格上漲，為什麼不乾脆一直線上去就好，反而走勢會出現在這條平均成本線的左右兩邊？這是因為在價格上漲的過程中，多方與空方在力道展現上，出現此消彼長的關係。

　　此時，在平均成本線以及價格走勢上，都出現了所謂「斜率」的問題：**斜率愈陡，走在平均成本線的左邊，代表走勢的力道愈強**。因此，當價格由左穿過平均成本線到右邊

時，代表短線上多方力道暫時轉弱。

當價格再次往上，由右邊穿過平均成本線到左邊，而後續的K棒走在平均成本線左邊時，代表當時市場一定發生了某種原因，造成價格再次轉強，這時的突破交會點，就一定是重要的關鍵價位。

「關鍵價」代表的就是上升壓力及下降支撐的所在位置，也是價格會出現轉折的位置。投資朋友們只要在這時間，留意後續走勢變化，再配合運用「轉折K線」，即可掌握到關鍵出手的「時機點」。本人稱為「時間」、「獲利機會」及「確定出手點位」。

◆ 由點、線到面

所謂的「點」，指的是上升波起漲的低點，以及拉回出現的第二個低點（次低點）。「線」指的是將起漲第一個低點，與次低點連成的一條直線。而「面」是指將兩低點的連線直接向上平行，延伸至兩點間出現的第一波高點位置，如此形成了，預期在一段時間內，後勢價格會走在這個面當中運行的軌道，也稱為「上升軌道」。

上升軌道的下緣線及上緣線，可視為預期關鍵轉折出現的支撐及壓力位置。**價格跌破上升軌道的下緣線，表示趨勢反轉翻空。價格來到上升軌道的下緣線位置，出現支撐，表示後勢再漲。價格來到上升軌道上緣線，但無法突破，表**

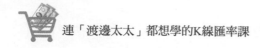

示短線反轉翻空。而價格來到上升軌道上緣線，突破並且站上，表示後勢再漲。

　　兩低一高可畫上升軌道，當然，兩高一低就可畫出一個下降軌道。

圖 51　由點、線、面位置預測走勢

上升軌道的下緣線也可看成上升趨勢線，具有支撐的意義。當價格壓回到下緣線，多半會止跌走升。

當價格來到軌道的上緣線，通常是小短波的高點，具短波壓力意義。

當然，我們同樣可利用兩個高點及中間的一個低點，畫出一條下降軌道，作為預期價格在一段時間內後勢運行的軌道。下降軌道的上緣線及下緣線，同樣可視為預期關鍵轉折出現的壓力及支撐位置。

價格跌破下降軌道的下緣線，表示空方走勢加劇。價格來到下降軌道的下緣線位置，出現支撐，表示短線反彈上漲。價格來到下降軌道上緣線，但無法突破，表示反轉翻空。而價格來到下降軌道上緣線，突破並且站上，表示趨勢確認反轉走漲。

上述軌道畫法，最好要畫在日線以上等級，不然至少也要畫在4H（每4小時區間所出的一根K棒）。如此才能由面上看出可以操作的空間範圍，也才能用來評估做多或做空（方向），當作出手時間的依據。如此一來，就不會憑感覺盲目出手，可以過濾並減少出錯及頻繁交易的壞習慣。

用技術形態 預測匯率走勢，超神準！

　　在技術分析中，**形態代表價格將進入一段整理時間**。例如，價格在上升趨勢，出現漲不動之後的拉回三角形態整理（如圖52）。由於整理的形態不同，時間長短也不同，當整理結束後，價格將出現一波不容小覷的行情走勢（請翻閱第6章，有特別整理介紹各形態）。

　　觀察圖52的形態，可將重點分成兩個層面：一為整理期間，一為整理即將結束的時候。

整理期間：

　　可藉由兩高一低點，預先畫出一個下降軌道。而在這軌道中可明顯看出，價格走勢在拉回的第1波及第3波，都遇到前上升波段的關鍵價位支撐，使得價格收腳走升，但高點卻又無法過前高，或是有效突破下降軌道的上緣線。

　　因此，便形成一個在下降軌道中出現的三角形態整理走勢，在這期間的價格區間（上壓及下撐），即為下降軌道上緣線，以及前上升波所出現的關鍵價位支撐。

整理即將結束：

　　字面上的意思其實就是指價格收斂到最後階段，行情

即將噴出（指有大行情要發生）的時間。**主要是在掌握（時間），價格向上突破下降軌道上緣線時，出手做多單的第一時間。**

投資朋友們應當知道，當價格在下降軌道中運行，遭遇前上升對應波的關鍵價支撐時，其實價格已未再走跌，反而是持續撐在三角形態的整理中。這時就應該明確知道，原先的下跌走勢已經出現變化，預先做好準備是我們首要掌握的事。

當價格反轉向上突破下降軌道上緣線時，就是出手做Buy單的獲利機會，甚至還可以預期往上漲幅滿足的點位。以當時出手的位置與賺賠比例差距（即預設停損位置與獲利出場位置間的差距）來看，可以很明確地知道，這次出手下單絕對有必要。

图 52 ▶ 整理期間的三角形態

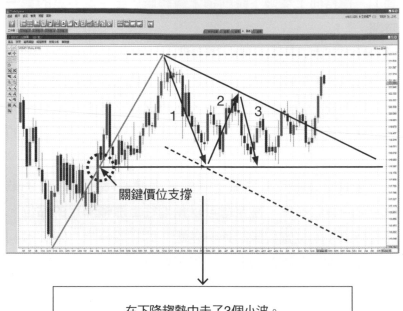

關鍵價位支撐

在下降趨勢中走了3個小波。

◆ 出手時間就藏在形態中

圖53是2015年2月2日美元指數1h線，當中運用到兩高一低的下降軌道、前波高低點平均成本線，以及關鍵價位對應後波走勢的支撐位置，外加一條小波的上升軌道。

當價格屢次來到關鍵價支撐，卻又無法突破下降軌道上緣線，最終價格先跌破小上升軌道，並再次來到關鍵價支撐位置，這表示關鍵出手做單時間即將到來。

投資朋友們只要在關鍵時候做好出手下單的準備，當訊號一出現就出手。舉例來說：做Sell賺賠比率，往下可看到軌道下緣線位置，停損可在軌道上緣線設定。留意組合K線在15分走勢圖，是否出現反轉訊號，只要出現跌破支撐，就出手做Sell。

圖 53 做Sell單時機

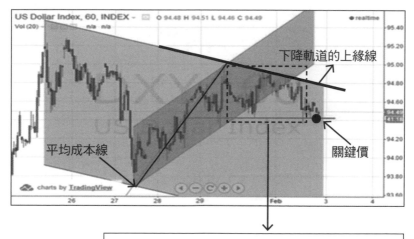

價格屢次來到關鍵價，卻未突破下降軌道的上緣線，代表出手做單的時間即將來到。

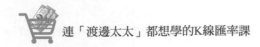

從圖54中，投資朋友們可親眼看見關鍵價支撐的重要性。價破支撐後一路走低，最後來到接近下降軌道下緣線位置，出現代價下影的反轉K線。這時只需要輕輕鬆鬆將Sell單獲利出脫，並且反手做Buy單。

圖 54　做Buy單時機

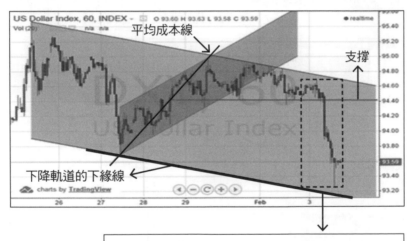

價格突破支撐後一路走低，接近下降軌道的下緣線，此時應做buy單。

　　緊接著再看下一張連續圖（圖55）。當初的關鍵價支撐遭到跌破後，就變成關鍵價壓力。價格反彈至關鍵價壓力，同時又遭遇下降軌道上緣線的壓力，這時投資朋友可輕鬆將Buy單獲利出脫，並且反手再做一趟Sell單。

圖 55 ▶ **價格反轉位置代表意義1**

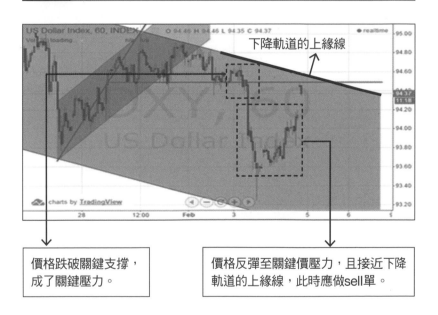

下降軌道的上緣線

價格跌破關鍵支撐，成了關鍵壓力。

價格反彈至關鍵價壓力，且接近下降軌道的上緣線，此時應做sell單。

註：筆者特別強調，出手的時機點掌握仍然是選在最好的賺賠比位置（即關鍵轉折位置）。選在這個價格的位置做Sell單，往下的獲利空間，遠遠大過價格往上突破下降軌道設損的空間。

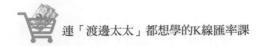

圖 56 價格反轉位置代表意義2

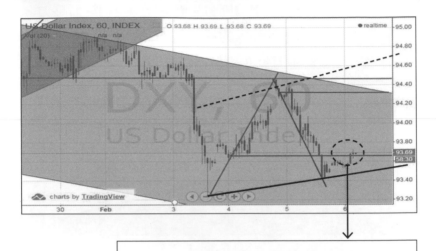

價格突破並站上關鍵壓力，應做buy單。

圖56可看出價格未破低即收腳，形成下檔上升趨勢線及上升軌道。因此，當價格站上前波關鍵價壓力位置時，Sell單應隨即獲利出脫，並且反手做Buy單。

圖 57	價格反轉位置代表意義3

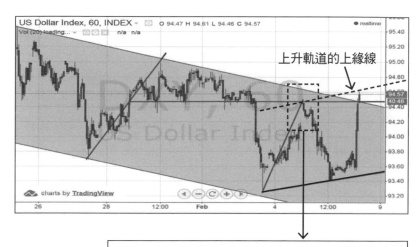

價格突破關鍵壓力，並來到上升軌道的上緣線，只要站穩，後續會走升。

　　由圖57可見，價格一根長紅突破關鍵壓力，並來到上升軌道上緣線，關鍵壓力變成關鍵支撐。後續走勢只要站穩關鍵支撐，價格（趨勢）將會正式走升。

圖 58　價格反轉位置代表意義4

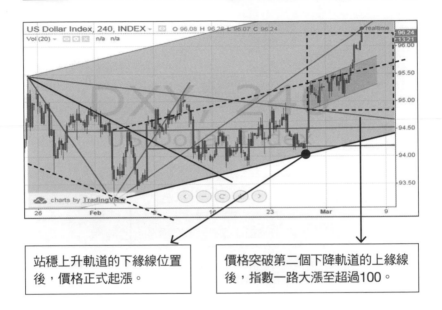

| 站穩上升軌道的下緣線位置後，價格正式起漲。 | 價格突破第二個下降軌道的上緣線後，指數一路大漲至超過100。 |

　　最後這張4h的圖（圖58），投資朋友們可清楚看見，價格從收腳之後開始走上升軌道，最後正式起漲，在站穩上升軌道的下緣線位置，並且一舉突破關鍵價壓力，以及第二個下降軌道上緣線，之後美元指數一路大漲過100的價位。

　　對於筆者自創的技術分析，投資朋友們可以發現，從頭至尾完全沒有運用到任何技術指標。實際上，筆者是將各技術指標的精隨，完全融入在自創的技術分析中，舉凡K線、趨勢線及軌道、斜率、乖離、力道、支撐與壓力、空間與時間等，綜合並用且以淺顯易懂地說明。

　　投資朋友們只要稍加學習，並經過一段時間的練習就能上手，並開始依據這套技術分析工具，在外匯市場悠哉進出。再也不用因為一些似是而非的緣由（如果、萬一、好像、可是），而在不清楚的情境，憑感覺、運氣操作下單。

　　金融市場上的「神級人物」，一定都有其可取之處，除了分析判斷能力過人之外，筆者認為最重要的還是在觀念、個性及修為。

09
讓聰明軟體幫你省時又賺錢

這是一個容易操作的軟體平台，讓你交易無負擔

◆ Meta Trader 是適合操作外匯的平台

當我們明白外匯市場的整個流程後，基本上，已經可以掌握外匯保證金交易的概念。外匯保證金交易的操作，普遍為網上交易，甚至已經發展到利用程式語言的交易模式，目前最夯的應屬Meta Trader了。

Meta Trader外匯業務線上交易平台接收軟體，是由MetaQuotes Software Corp.公司發布，提供免費試用，有中文介面。

各交易公司都會提供許多伺服器接入位址，MT4（Meta Trader 4）能即時查看黃金、白銀、外匯、股票和期貨等行情，同時可以模擬交易，功能強大，是目前最為廣泛使用的外匯行情軟體之一。

該平台簡潔直觀，提供易於操作的工具選項。包括可在上面直接交易的即時圖形、多種自動交易技術，以及建立和管理訂單和交易等。它是一個集成平台，使用時不需要再搭配其他軟體服務。

MT4交易系統有以下優點：

（1）涵蓋多種金融市場

提供外匯、期貨和價差合約（CFD）市場所有經濟和交易服務。

（2）多貨幣複合體

該系統設計為多貨幣平台，這意味著在任何國家，使用任何貨幣，都可以受到和標準貨幣同樣的服務。

（3）體系的效率和生產率

資料轉換和協定處理，變得更加經濟實惠。僅用1台伺服器，就可以支援數千客戶交易（配置為P4 2.0處理器，512Mb DDR記憶體，80GB硬碟）。

（4）可靠性

若歷史資料遭到破壞，平台會恢復系統備份和資料庫，所有交易同步更新無時差，在幾分鐘之內就能恢復。

（5）安全性

體系間的資料傳輸都經過128位元加密，此方案將保證，資訊在傳輸過程中不會被第三人使用。內建的DDos-attacks防護，會增加伺服器和整個運作系統的穩定性。

當出現大量惡意攻擊系統時，僅有資料中心被攻擊，MT4伺服器會繼續在正常模式下運作。另外，資料中心也增加，在DOS和DDOS攻擊下能維持穩定性的系統，不僅強化保安系統，也可減低公司職員做出不良行動的可能性。

◆ 如何在MT4介面下單？

一旦成功安裝MT4，筆者建議在開立真實資金帳戶前，先使用模擬交易。讓自己先熟悉平台，再用虛擬貨幣模擬，找到最適合的交易技巧。

按照以下步驟，就能成功在MT4上下單。若要建立新訂單，可在MT4終端主介面頂部的工具列，點擊「新訂單」（New Order）。

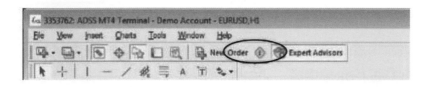

點擊後將出現訂單選項的快顯視窗。在訂單類型（Type）項目，可在拉式功能表的「掛單交易」或「即時成交」兩選項中，選擇其一。

在「掛單交易」視窗，可建立在特定價格被觸發的訂單，下拉式功能表提供4種訂單類型：

①**限價買盤**：在低於市場價格的水準買入。

②**限價賣盤**：在高於市場價格的水準賣出。

③**止損買盤**：在高於市場價格的水準買入。

④**止損賣盤**：在低於市場價格的水準賣出。

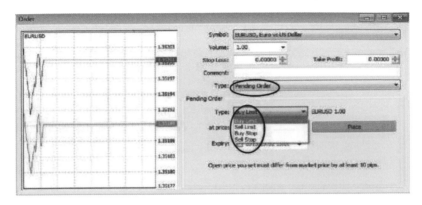

選擇好掛單交易選項後，填入價格限定：

①**止損價**：希望結束交易，以限制損失的價格。

②**獲利價**：希望結束交易，並鎖定盈利的價格。

③**注釋**：希望添加關於交易的任何注釋（可不填）。

④**價位**：希望進入市場的價格。

⑤**截止日期**：希望掛單有效的截止口期／時間（可不填）。

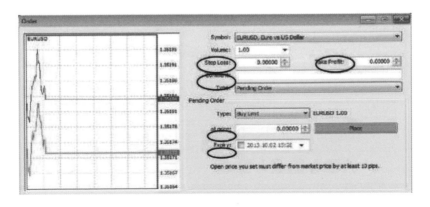

最後，點擊「下單」（Place），建立掛單交易。

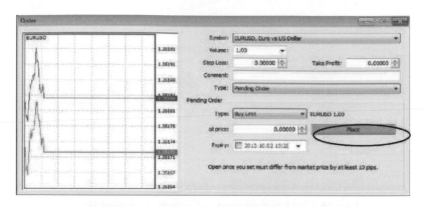

在「即時成交」選項下，只需點擊當前市場報價的標籤，即可買入或賣出交易。與「掛單交易」不同，「即時成交」沒有止損價和獲利價的選項，不過可以在交易執行後，加入止損價或獲利價。

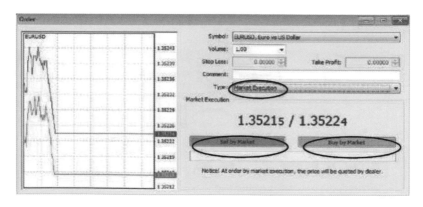

◆ 如何了結頭寸？

只需按兩下MT4終端主介面底部的交易頭寸，就會出現該訂單的快顯視窗。

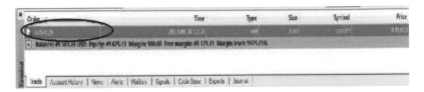

然後點擊黃色標籤了結頭寸，將可查看該交易為盈利或是虧損。

要找到合適的交易方式，需要花費一些時間，因此筆者建議可先使用模擬交易。記住，不設定止損將面臨巨大風險，因為你的整個頭寸，都會暴露在風險中，一旦市場向不利於你的方向移動，頭寸便會很快消失。**再一次強調，交易時務必設定止損，尤其建議新手投資人。**

◆ 模擬交易的優點

（1）下單靈活，確保止損

不論現價交易還是預設新單，都能同時設定止損價位和獲利價位，真正確保第一時間設置止損訂單。

（2）介面友好，交易一目了然

所有交易訂單都能以直線方式顯示，一目了然。

（3）到價聲音警示

可設置到達某價位時的聲音提示，不用擔心錯過機會。

（4）支援自編指標

可總結多年經驗，編寫成指標，並加以應用。圖表分析功能非常強大：8種畫線工具、8個交易時段、29種技術指標，讓人分析行情更得心應手。檔案安裝之後不到4M，與系統其他軟體沒有關聯性，可以獨立運行，甚至可把安裝後的資料夾，複製到隨身碟，帶到其他電腦上運行。

MT4平台程式的安裝方法如下：該程式是一個多工環境，就像Windows作業系統，可以同時執行很多個程式。可附掛程式，主要分成三類：

（1）EA智能交易系統（Expert Advidor）。

（2）Script（腳本），如自己編寫的雙向掛單程式。

（3）Indicator（指標），如常加入的技術指標。

	EA (智能交易系統)	Script (腳本)	Indicator (指標)
執行時間	經啟動後，長時間執行	經啟動後，只執行一次	經啟動後，長時間執行
可否下單	可	可	不可
可否同一圖表上執行同類的程式	否	否	可
安裝目錄	\experts	\experts\scripts	\experts\indicators
程式的副檔名	.ex4	.ex4	.ex4

　　MT4在執行時，會不斷從網路上接收新的價格資訊，畫成燭台。如果EA或Indicator正在執行，每當圖表上的價格變動一次，一個新的事件就稱為「Tick」，會使EA或Indicator再被執行一次。

　　反過來說，當市場在週六、週日休市時，MT4的圖表沒有新的價格資訊進來，Tick不會產生，EA就不會被呼叫，所以我們會覺得EA好像沒有在動。Script比較特殊，它被附掛到圖表時，只被執行一次。

　　MT4程式的安裝方法（以MIG平台為例）：

　　（1）安裝EA（智能交易系統）：

　　　　將.ex4的程式複製到目錄C:\Program Files\MIG Trading Station\experts\

　　（2）安裝Script（腳本）：

　　　　將.ex4的程式複製到目錄C:\Program Files\MIG Trading Station\experts\scripts

　　（3）安裝Indicator（指標）：

　　　　將.ex4的程式複製到目錄C:\Program Files\MIG Trading Station\experts\Indicators

　　檔案複製完後，必須重新啟動MT4平台。打開導航（Navigator）視窗（如下圖），在標示1、2、3的地方，用滑鼠按住，依箭頭方向，將已安裝好的程式拉到圖表後才放掉，就能成功附掛到圖表。如果你的程式是EA，還必須按下「啟動智能交易系統」，才會啟動程式。

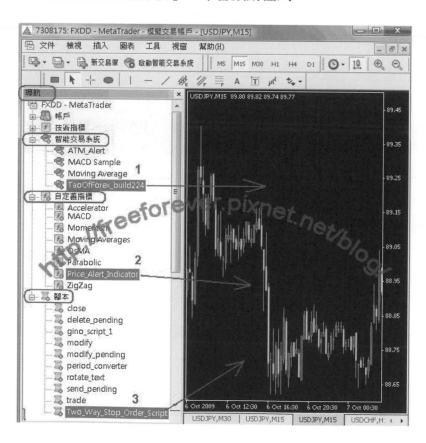

　　有些程式附加到圖表後會跳出一個視窗，可設定參數
讓程式執行，如我寫的自動交易程式SONG&BAND-JPY-
M1hedge，就可設定獲利點數、止損點數等。

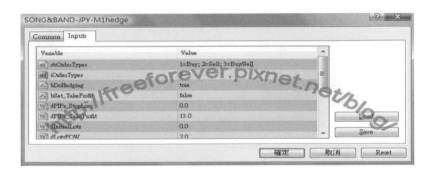

　　如果自我編寫雙向掛單Script，可設定掛單價位等參
數：

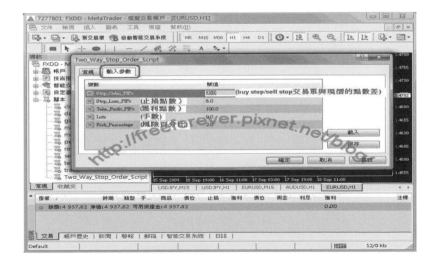

如果要重新設定參數，在EA（智能交易系統）可按「F7」，重新叫出設定參數的視窗；Indicator（指標）可按「Ctrl＋I」，叫出所有指標列表視窗（如下圖），再按「編輯」則可重新設定。

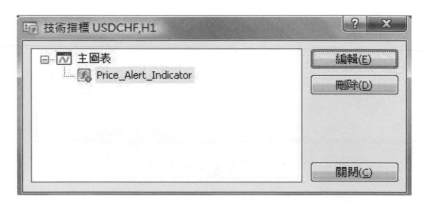

如何停止程式的執行？請見以下說明。

（1）EA（智能交易系統）：

按「右鍵→智能交易系統→消除」，即可移除掛在圖表上的EA。

（2）Indicator（指標）：

按「右鍵→技術指標列表」或直接按快速鍵「Ctrl＋」，再按「刪除」即可。

（3）Script（腳本）：

不用停止，因為它被執行完一次後就會自動停止。

◆ 簡單的輔助工具，讓交易更方便

一般投資人在金融市場的操作面上，會使用的分析方法不外乎是基本分析、技術分析、籌碼分析和消息面等。但是經過一段時間的市場洗禮後，普遍都會希望，最好能有一套「化繁為簡」的輔助工具。

所謂化繁為簡是指，利用程式語言整合上述總總分析，套用在券商的交易平台。螢幕上單純顯示出「買訊」及「賣訊」，我們就可以輕鬆下單交易，不用再做一堆繁瑣的功課。

人類的聰明偉大可見一斑，至於適不適用、績效如何，這是見仁見智的問題。不過從市場供需角度來看，EA在市場上蓬勃發展，投資人至少應該對程式交易系統有所了解。

程式交易主要建構在技術分析上，利用統計學技巧，擬出一套最合適的交易方式。以下用5步驟，教你製作自己的交易系統：

（1）選定交易商品

外匯保證金交易FX及商品CFD。

（2）決定技術分析

主要分為兩種，一是現有的指標（如MA、KD、MACD與RSI等），另一種是自己訂出的公式。

（3）決定留不留倉

留倉指的是會不會放超過一個交易日，我們稱為

波段程式，不留倉的則稱為當沖程式

（4）撰寫程式語法

表現自己決定的指標或公式用語法，並套用在程
式交易系統軟體上（如日盛HTS）。

（5）回測歷史績效

將寫好的程式語法套用在歷史走勢上，檢討績效
和需改進的地方，並利用系統功能，尋找參數最
佳化。

還能遊戲模擬實際交易，多練幾次複製成功關鍵

台灣在外匯市場現行階段的程式交易，普遍走向EA，甚至已進階到將EA設計成戰爭遊戲的模式，避免畫面（頁面）過於枯燥乏味，藉以吸引年輕一代的族群參與。以下介紹目前頗夯的一套：戰爭遊戲EA。

◆ 模擬投資市場的外匯作戰系統

一、發起由來

眾多投資人遍尋名師、程式系統，或許有效但無法複製成功，因為自身並無相對的經驗、天分、時間和心態，可以充分了解，導致執行上出現很大差距，便漸漸遠離投資市場且不易接受新觀念。我們知道大眾的問題，模擬出一套外匯作戰系統，讓投資人可以輕鬆、迅速成為市場贏家。

二、星戰系統六大優點

①化繁為簡，輕鬆學習高深技術分析。

②打破傳統介面，以遊戲系統賦予全新的投資體驗。

③用回饋方式開放免費試用，不準「不用錢」。

④因應各種投資時局，提供最棒的武器和最強的教練，

讓你成為最佳指揮官。

⑤能跨商品、時區及年齡，是專業兼具創意的投資工具。

⑥擁有70％的勝率和高倍數獲利比，能讓投資人輕鬆穩定獲利。

三、地面四大軍種介紹

1. 攔截者彈道系統（方向）

目　的：扮演戰場觀察者角色，可以快速知道戰場目前的多空方向。

說　明：彈道區間分為黃色與藍色，黃色（MA30～60）為中型彈道區，藍色（MA150～200）為大型大彈區，K棒=小士兵。

判斷法1：

　　　　①小士兵在（大）彈道之上為多。

　　　　②小士兵在（大）彈道之下為空。

判斷法2：

　　　　①黃色彈道在藍色彈道之上為多。

　　　　②黃色彈道在藍色彈道之下為空。

　　　　③黃色彈道和藍色彈道的交會區為灰色地帶。

2. 愛國者防護盾

目　的：防守家園，會進攻也要會防守，才算是專業。防守要懂得佈陣城牆，進攻時第一要件

就是築起城牆，建立明確的最後防線。

說　　明：防護盾具有支撐與壓力的效果，分別為紅色
　　　　　防護盾與藍色防護盾。紅色為Sell方的防守
　　　　　線，藍色為做多方的防守線。

判斷法1：做空方是防守紅色防護盾上方超過一點的位
　　　　　置，以小士兵收盤攻破為主；做多方防守藍
　　　　　色防護盾上方超過一點的位置，以小士兵收
　　　　　盤攻破為主。

判斷法2：紅色防護盾為壓力，藍色防護盾為支撐，搭
　　　　　配在導彈區出現，才具有強大效果。須注意
　　　　　的是，做Buy不看壓力，做Sell不看支撐。

3. 雷射槍先鋒部隊（平均K線）

說　　明：雷射槍部隊是戰場上的進攻先鋒，由他發動
　　　　　整場戰爭，分為藍色和紅色部隊，丟掉傳統
　　　　　K線的複雜交錯，進攻方向會更分明。

判斷法**1**：紅色雷射槍做Sell，以收盤為主。藍色雷射槍
　　　　　做Buy，以收盤為主。

判斷法**2**：雷射槍愈大時力量愈強，愈要堅定進攻。

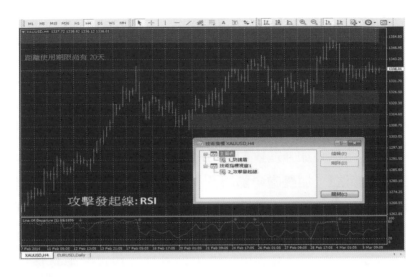

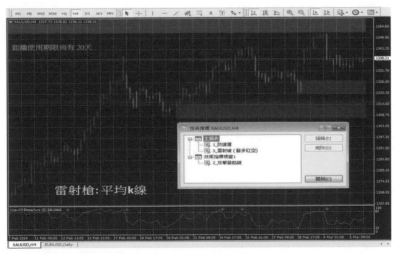

4. 加農砲種性部隊（力道K線）

說　　明：加農砲為戰場上的大型進攻武器，也是最終
　　　　　進攻武器。作為雷射槍的後援補給部隊，主
　　　　　要是為了保護雷射槍先鋒部隊，使其順利前
　　　　　進，可分為綠色部隊和紅色部隊，是停利和
　　　　　加強進攻力道的最佳工具。

判斷法1：加農砲會隨時間慢慢放大，再慢慢縮小，進
　　　　　攻時應要由小持續到大。

判斷法2：綠色加農砲為Buy方守護者，當持續為綠色
　　　　　時，Buy單持續續抱到被紅色雷射槍打穿，
　　　　　或綠色轉為紫色。紫色加農砲為Sell方守護
　　　　　者，當持續為紫色，Sell單持續續抱到被綠色
　　　　　雷射槍打穿，或紫色轉為綠色。

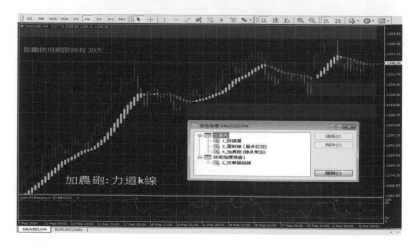

四、指揮官戰術應用

1. 多方

①確認導彈的方向為多方。

②尋找黃或藍導彈區的藍色防護盾,以下緣作為停損。

③出現第一根藍色雷射槍收盤確認後下多單。

④等待綠色加農砲出現,由小持有到大,等逐漸縮小時才決定如何停利。

2. 多方短單或加碼單

①當導彈方向為多,且士兵在所有彈道之上。

②當加農砲呈綠,雷射槍從紅轉藍,收盤確認後下多單。

③停損點設在進場的藍色雷射槍下方。

④停利可在獲利超過停損點數一倍後,等加農砲放大速度變緩時出掉。

3. 空方

①確認導彈的方向為空方。

②尋找黃或藍導彈區的紅色防護盾,以上緣作為停損。

③出現第一根紅色雷射槍,收盤確認後下空單。

④等待紫色加農砲出現,由小持有到大,等逐漸縮小時才決定如何停利。

4. 空方短單或加碼單

①當導彈方向為多,且雷射槍在所有彈道之下。

②當加農砲呈紫，雷射槍從紅轉藍收盤確認後下多單。

③停損點設在進場的紅色雷射槍下方。

④停利可在獲利超過停損點數的一倍後，待加農砲放大速度變緩時出掉。

五、指揮官應有的心態

①進場得細心：收盤確認雷射槍顏色才進場，勿憑感覺提前。

②出場要決心：打到就出場，重來就好，每次都是新局。

③等待需耐心：進場後要平常心，在還沒達到預計的停損停利之前，不輕易平倉。

④如果三心絕不二意：操作是一人市場，屏除心魔，才能成為穩定獲利的贏家。

六、作戰實例圖片

七、增進戰略技巧的四大策略

①ZOOM使用技巧：星戰系統的隨身攜帶利器。

②星際大戰LINE群組討論：團結力量大。

③總指揮官的線上即時講評：提供看法與進場訊號的箭頭。

④種子指揮官培訓：讓你更熟悉部隊用法，與指揮官即時帶實單，可立刻獲利。

筆者在此特別強調，全球金融市場非常龐大，各類型金融商品持續推出，可算是五花八門，只要選擇對自己最有利的商品進行操作即可。

外匯市場讓人感覺風險很大，似乎繁雜不容易上手，殊不知這是錯誤的假象。只要你具備國際觀，對貨幣間真實購買力價值的變化有興趣，且懂得掌握全球資金的流動方向，就會對外匯市場著迷。你永遠懂得在對的時間操作對的外匯商品，替自己累積財富。

註：第9章介紹的交易平台和系統，為作者的操作經驗分享，不代表出版社立場。

國家圖書館出版品預行編目（CIP）資料

連「渡邊太太」都想學的 K 線匯率課：他如何做到，第一次操作外匯
就賺 1000 萬？／劉炯德著 . -- 初版 . --
臺北市：大樂文化，2015.12
面；公分
ISBN 978-986-92180-5-4
1. 外匯交易　2. 外匯投資　3. 投資技術
563.23　　　　　　　　　　　　　　　　　　　　　104020552

Money 022

連「渡邊太太」都想學的 K 線匯率課

他如何做到，第一次操作外匯就賺 1000 萬？

作　　者／劉炯德
封面設計／王信中
內頁排版／顏麟驊
責任編輯、圖書企畫／張硯甯
主　　編／皮海屏
發行專員／劉怡安
會計經理／陳碧蘭
發行經理／高世權、呂和儒
總編輯、總經理／蔡連壽
出 版 者／大樂文化有限公司（優渥誌）
地址：臺北市 100 衡陽路 20 號 3 樓
電話：（02）2389-8972
傳真：（02）2388-8286
詢問購書相關資訊請洽：2389-8972
郵政劃撥帳號／ 50211045　戶名／大樂文化有限公司

香港發行／豐達出版發行有限公司
地址：香港柴灣永泰道 70 號柴灣工業城 2 期 1805 室
電話：852-2172 6513　傳真：852-2172 4355

法律顧問／第一國際法律事務所余淑杏律師
印　　刷／科億印刷有限公司

出版日期／ 2015 年 12 月 7 日
　　　　　 2018 年 3 月 22 日二版
定　　價／ 300 元（缺頁或損毀的書，請寄回更換）
I S B N　978-986-92180-5-4